知って得する、すごい法則77

清水克彦
政治・教育ジャーナリスト
びわこ成蹊スポーツ大学教授

835
中公新書ラクレ

はじめに

世の中には「〇〇の法則」という言葉が溢れています。

有名なところでは、「働きアリの法則」（二‐六‐二の法則）や「マーフィーの法則」といったものがあります。

前者は、働きアリを観察していると、よく働いているアリが二割、普通に働いているアリが六割、そして、ずっとサボっているアリが二割の割合に分かれることから、職場でも同じように、給料の何倍も働いている優秀な社員と、給料分の働きをしている平凡な社員、そして、「給料ドロボー」と言いたくなるような、無能な、もしくはやる気が感じられない社員に分かれるというものです。

後者は、「洗車をすると雨が降る」「急いでいるときに限って赤信号にひっかかる」「調子の悪い機械を人に見せると通常どおりに動く」など、「失敗する可能性があるものは、いずれ失敗する」「物事は必ずしも思いどおりにはいかない」といったケースで想起される法則です。

非科学的とはいえ、いずれも「なるほど、的を射ている」「確かにそうかも」と思わせられるのではないでしょうか。

「〇〇の法則」とは、人間の営みや世の中の動きを、実験や検証などによって定理化したものです。

「案ずるより産むが易し」「ちりも積もれば山となる」「待てば海路の日和あり」といったことわざと同様、もしくはそれ以上に、こうした法則が職場や家庭生活に応用できるのは、このあとの本編で詳しく触れますが、多くが科学者や心理学者らの手で実証されてきたからです。

筆者は、在京放送局で三五年あまりにわたり、記者やキャスター、それに報道番組や情報ワイド番組のチーフプロデューサーを務め、これまで五つの大学や短期大学で非常勤講師を務めてきました。これらは、いずれも人と会い、人を観察するのが仕事です。

そうした中で、「まさにそのとおりだ」「これは使える」という法則に出会ってきました。

本書では、職場や家庭生活をはじめ、学校や個人の生活にも使える、人生を豊かに彩ってくれそうな法則を厳選し、場面ごとに分けて紹介していきます。

それらの中には、「○○効果」と呼ばれるものもありますが、どれもが、人を知り、人との関係を改善したり、組織を概観し、その組織をまとめ上げたり、あるいは、自分を知り、自分を高めていくうえで参考になるはずです。

逆に、職場や職場以外の社会で、「自分とはソリが合わない」「そのやり方は変だ」といった場面に遭遇した際、あるいは、「努力しているのにどうもうまくいかない」という状況に直面したとき、「確か、こんな法則があったなあ」とあきらめがついたり、我慢できたりする材料にもなると思います。

本書は、主に四〇代から五〇代の、「部長」「次長（副部長）」「課長」「チーフマネージャー」「○○補佐（○○代理）」などといった肩書がつく管理職の皆さんを思い浮かべながら書き下ろしたものです。

四〇代であれば、まさに働き盛りで、「もう一つ上を目指したい」「チームを束ねて実績を上げたい」「今の職場を改善したい」と考えている方が多い世代です。

五〇代になると、これらに加え、役職定年やその先の定年延長後の仕事、場合によっては、六〇代以降のセカンドキャリアをどう描くかという悩みに直面しているはずです。そういう皆さんにとって指針になればと思っています。

同時に、これから就職活動に臨み、社会へと出ていく大学生の皆さんにとっても、世の中を知るうえでヒントになれば、との思いも込めました。

言うまでもなく、現代社会は、ＳＮＳに代表される情報通信革命の真っ只中にあり、日本国内や日本を取り巻く国際情勢にも大きな変化が生じています。

生成ＡＩの浸透や深刻化する少子化は、人間の仕事がロボットに奪われる、外国人労働者との共生が不可避になる、といった変化ももたらすでしょう。

ただ、本書で紹介する「〇〇の法則」や「〇〇効果」には、時代の流れに左右されない「本質」が含まれています。

本書を通じ、一人でも多くの方が、生きるヒントや働くヒント、リーダーとしてチームをまとめていくヒント、そして、良好な人間関係を築くヒントや自分を磨くヒントを得ていただけたら嬉しく思います。

また、各章の終わりには、筆者自身が実践してきた「私なりの法則」もコラムとして書き添えました。ご一読いただけたら幸いです。

清水克彦

目次

第五章 男女間で使える法則

知って得する、すごい法則77

第一章

職場で使える法則

01 ロミンガーの法則
――人は業務を経験することで成長する

まずは、職場で自分を省みたり、同僚たちを冷静に観察したりするときに使える法則から述べていきます。

皆さんは、「七〇対二〇対一〇の法則」をご存じでしょうか。「はじめに」で述べた「働きアリの法則」や「二－六－二の法則」のような耳馴染みはない法則かもしれません。

この法則は、アメリカの人事コンサルタント会社、ロミンガー社が提唱したことから、「ロミンガーの法則」とも呼ばれているもので、企業や組織で働く人々の成長は、七割が実際の業務経験、二割が上司や先輩などからの指導やアドバイス、そして残りの一割が、読書や研修などによる学びによって得られるという法則です。

つまり、皆さんが現在、何歳であっても、社会人として成長していくためには、実際に仕事を経験してみることが一番の教材になるということです。

筆者は、さまざまな年代を対象にした研修会の講師に呼ばれることが多々ありますが、二〇代の若手社員はもとより、四〇代や五〇代の中堅・ベテラン社員であっても、「新しい部署に異動すると、仕事内容が全くわからず、自分の成長も止まってしまうように感じる」などと語ります。

ただ、これまでのキャリアを振り返ってもらい、「何が一番、自分を成長させてきたと思いますか?」と問えば、多くの方が「仕事経験」とか「実際の業務」と答えます。

もちろん、年代や業務の内容によって差はあります。とはいえ、社会人の大半は、自分の成長の手応えを、目の前の仕事を積み重ねることで得ていることになります。

「やってみなはれ。やらなわからしまへんで」

これは、サントリーの創業者、鳥井信治郎氏によるフレーズです。

未知の分野への挑戦を後押ししてくれる言葉としてあまりにも有名ですが、別の見方をすれば、日々の仕事の中で、「トライ&エラーを繰り返せ」と説いているようにも感じます。

筆者を含め、本書を手にされている皆さんも、社会人であれば、年間で実に二〇〇〇時間以上もの業務経験を積んでいます。

その中で、得意なことや好きなこともあれば、苦手な分野や初めてのジャンルもあると思いますが、「トライ&エラー」を重ねることで、習熟し、それが自信にもつながっていきます。

筆者などは、六〇歳の定年を機に大学教授に転身しましたが、放送局と大学とでは仕事内容や組織内のルールが異なるため、誰に聞いても一度や二度では覚えられず、「こんなはずではなかった」と当惑することばかりでした。

そんなとき、「ロミンガーの法則」を思い出し、とにかく自分でやってみる、小さな失敗は気にしない、の二つを徹底してきた結果、移籍して半年くらいが経過した頃から、しだいに要領がつかめるようになり、「この世界でやっていける」「還暦を過ぎた人間でも成長できる」と実感できるようになりました。

もちろん、ロミンガー社による知見のとおり、誰かに指導を受けたり、アドバイスに耳を傾けたりすることは重要で、自らスキルアップを図る努力をすることも大切なのですが、日々の仕事の中に成長の種があると思うことも大事なポイントです。

02
エメットの法則
――仕事を先延ばしすればするほど、時間とエネルギーを消耗する

アメリカでタイムマネジメントやストレスマネジメントのコンサルタントを務めるリタ・エメットが提唱した行動心理学の法則に、その名前を冠した「エメットの法則」があります。

これは、「仕事を先延ばしにすればするほど、実際の仕事量より倍の時間とエネルギーが必要になる」というもので、著書『The Procrastinator's Handbook: Mastering the Art of Doing It Now』の中で提唱した概念です。

筆者も、この概念を参考に、在京放送局で報道チーフプロデューサー、大学で非常勤講師、書籍や雑誌記事の執筆、それに講演活動や大学院生としての研究活動を同時にこなしていた四〇代に、時間の上手な使い方を体得し、『ひねり出す時間術』という書籍を出版したことがあります。

今でも心がけているのは、エメット氏が提唱する「初動の大切さ」です。

これは、「はじめに」で述べた「二－六－二の法則」で、下位の二割に入らないために重要なポイントでもあるのですが、ハードルが高そうな仕事こそ早めに手をつけることが、「できない人間」から「できる人間」に変わるカギになります。

たとえば、目の前に、処理しなければならないタスクが、易しい順にA、B、Cと三つあるとします。

難易度が低いA、普通の難易度のB、難易度が高いCの三つをこなす場合

- C→A→B、もしくは　C→B→A

筆者はこのような順番で作業をします。「これはハードルが高そう」と思われる仕事を最初に片づければ、気持ちが楽になり、AとBはすぐに終えることができるからです。

Cを後回しにした場合、どこか心に不安が残ったままで、AとBを処理している時間の経過とともに、焦りも生じてきます。

また、上司から難易度が高いCの仕事を依頼されたとき、聞いたはずのアドバイスやヒント、ふと思いついたアイデアを忘れてしまい、聞き直すのに時間を要したり、構想を練り直すのに時間を費やしたりして、手をつけるのがさらに遅れることになりかねません。

　筆者が目の当たりにしてきた経験則から言えば、特に、真面目な性格の人、あるいは、完璧を求めようとするタイプの人は、「必ず成功させなくては……」と慎重に作業を進めるため、放送時間の直前まで仕上がらない、しかも、時間をかけた割に内容もいまいちという結果になりがちです。

「ランチまでに時間がある。それまでに、ざっとでも企画書を書いておこう」

「自分のカラーを出す前に、前例があるなら参考にして、まずやってみよう」

　このような感覚で、第一歩を踏み出しておけば、不安は和らぎ、一番簡単なタスクであるAの作業と並行して、Cの作業を思ったより早く終えることができます。

　これは、私生活にも当てはまります。

　案ずるより産むが易し、です。面倒なことほど最初に手をつける、一〇〇点満点の結果を求めず、「まず終わらせる」ことを目標にして行動することが大切です。

03

パーキンソンの法則
——仕事の量は、与えられた時間をすべて満たすまで膨張する

「三〇分で終わるミーティングだと聞いていたのに、実際には一時間もかかった」

こんな経験がある方は多いのではないでしょうか。

誰かが遅刻した、議論が思いがけず白熱した、といった理由もあるかもしれませんが、大きな理由は、ミーティングの主催者が、会議室や打合せ室を一時間確保していたことにあります。

「一時間までは大丈夫」

こんな気持ちが、短く終わるはずのミーティングを長くしてしまったのです。

これを「パーキンソンの法則」と言います。

英国の歴史学者で政治学者のC・N・パーキンソンが提唱した、「仕事の量は、完成のために与えられた時間をすべて満たすまで膨張する」というものです。

「時間的に余裕があるから大丈夫。足りなければ少し残業すればいい」

このように考えていると、効率的に終わらせることができる作業にだらだらと取り組むようになって生産性が下がります。

費用に関しても本来であれば節減すべき予算を、「少し多めに確保しているから」と考え、上限近くまで使い切ってしまうと、経費がかかりすぎるという状況から抜け出せなくなります。

その意味で言えば、パーキンソンが提唱した「人間は、利用可能な資源をあるだけ使ってしまう」という法則は、タイムマネジメントやコストマネジメントに関して、どこか甘い人間の本質を見事に突いていると言えるのではないでしょうか。

きょうからできること

- 上司から与えられた期限より短い期限を自分で設定する＝どうすれば効率的にできるか考えるようになり、前倒しで作業を終わらせることが可能になる。
- すき間時間を有効活用する＝会議や打合せの合間などにできる五分から一〇分のすき間時間で、出張費や打合せ費の伝票処理、クライアントへのメール作成などを終えておくと、より重要な作業に集中する時間ができる。

- 会議やミーティングは短めに設定する＝会議の前に論点を洗い出しておき、会議自体は「三〇分」を基本にする。会議は参加者全員の時間を奪うため、一〇人のメンバーでの会議が三〇分長引けば、三〇〇分（五時間）を浪費することになる。
- 部下やスタッフには締め切り、ゴール、予算を明示する＝「いつまで」「どこまで」を明確に伝える。予算に関しては、「予算を使い切る」ではなく「予算内に抑える」を徹底し、「予算をオーバーしても価値がある」と考えられる事象には投資を惜しまない考えを徹底する。

こうして列記してみると、どれもシンプルなものばかりです。

ただ、筆者が在籍していた放送局をはじめ、取材で何度も訪れた官庁や企業などには、まだ「残業は当たり前」で「予算は年度内に使い切って当然」という考え方が残っています。これでは日本経済全体が好転しません。

パーキンソン氏が提唱した、時間管理や予算管理に一石を投じる法則は、自分磨きや子どもの受験勉強、それに、家計管理にも応用できるので参考にしてみてください。

04

ディヘイの法則

――簡単な仕事は、いつでもできそうなので先送りされる

東京大学在学中に司法試験に合格、財務省に入省した後は、ハーバード大学ロースクールを修了、現在は、テレビ番組のコメンテーターや信州大学特任教授を務めている山口真由氏。筆者が担当する報道ワイド番組にゲストとして迎えた際、

「私、実は、同時並行でいくつもの仕事をこなすマルチタスクが苦手なんです」

こんなふうに語ったことがあります。

確かに、どのような職種であれ、同時並行で処理しなければならない仕事は複数あります。

筆者が長年務めてきたチーフプロデューサーの仕事で言えば、生放送の最中でも、番組後半のコーナーに出るゲストと打合せをしたり、翌日の世の中の動きを想像したりしながら、有識者をブッキングしたり、あるいは、その有識者用の駐車場を確保したりと、マルチタスクを落ち度なくこなす正確さとスピードが求められます。

生放送が終わり、ひと息入れていると、視聴者や聴取者からクレームが入ったり、クライアントとの打合せが生じたり、新たな仕事が次々と入ってきます。そうなると、しだいに追い込まれていきます。

その要因のひとつが、簡単な仕事を「すぐにできるだろう」と考え、先送りしてきたツケです。前述の山口氏が、いわゆる超エリートにもかかわらず、「ひとつのことを順番にやればいい勉強とは違い、苦労しました」と吐露したのは、「簡単な仕事」と「複雑で面倒な仕事」の同時並行作業に直面してきたからにほかなりません。

その解決策となるのが、「ディヘイの法則」です。

これは、一九四〇年代に、アメリカの心理学者、ジョージ・ディヘイが唱えた法則で、「簡単な仕事はいつでもできるという理由で、常に先送りされる」というものです。

筆者は先に、A、B、Cと難易度の異なる三つの仕事があれば、一番大変そうなCから最初に片づければ気持ち的に楽になると述べました。

とはいえ、一番簡単そうなAの仕事を後回しにしたままだと、Cと同様に面倒なDという仕事や、全く経験したことがないEという作業が入ってきた場合、結果的に処理すべきタスクが積み重なってしまい、時間的にも心理的にも追い込まれる原因になってしまいます。

たとえば、取引先へのメールでのお礼、ゲストの到着時間の受付への連絡、出張費の伝票処理、ＬＩＮＥやメールでの部下への指示などは難しくない作業です。

しかし、先送りしていると、「あ、忘れてた」ということにもつながり、相手の信頼を損なう、訪問者を受付で長時間待たせるといった失態、あるいは、経理部を困らせたり、チーム全体の作業の遅れを生んだりするリスクにつながります。

- 「小さなミス」が大きなリスクにつながる恐れがあると知る。

- 優先順位や重要度が低そうな簡単な作業ほど、すき間時間などを利用して早めに処理する習慣をつける。

「ディヘイの法則」という名前は忘れても、「簡単な仕事を先送りすると自分の首を絞めることになる」は覚えておいてほしいものです。

05

ＡＩＤＡの法則
——人を動かすには注意を引くことが第一歩

「ＡＩＤＡ（アイーダ）の法則」とは、一九世紀から二〇世紀にかけてのアメリカで、広告や営業の先駆者とされるセント・エルモ・ルイスが提唱した消費者心理の動きを表す法則です。

「ＡＩＤＡ」とは

①Attention＝消費者が、ぼんやりと「こんな商品があるんだ」と認知し、注意を払う段階。
②Interest＝消費者が、「ちょっといいかも」と関心を持ち始める段階。
③Desire＝消費者が、「これ、欲しい」と欲求を強める段階。
④Action＝消費者が、お店に行く、商品を購入する、といった行動に出る段階。

つまり、「ＡＩＤＡの法則」は、注意を引く、興味や関心を持たせる、欲求を喚起する、そして最後に行動させるという四段階で成り立っているということになります。

これから派生した考え方に、「ＡＩＤＭＡ（アイドマ）の法則」という、「ＡＩＤＡの法則」の中に、Memory（記憶させること）を含む考え方もありますが、いずれも、マーケティング戦略を考えるうえで重要とされるものです。

これらの法則は、職場で、あなたの存在感や考え方をアピールし、上司や部下を動かす際にも使えます。

「ＡＩＤＡの法則」で人を動かす例

①あなたの考え方を会議や企画書で明示し注意を引く。
②その中で、「これは良さそう」と思ってもらえるような根拠を示す。
③上司や部下に「じゃあ、やってみよう」と思わせるよう、プレゼンテーションなどで、もうひと押しする。
④実際に、あなたのプランをベースに動き出してみる。

この中で言えば、①と②が最も重要です。

どんなに、品種改良を重ね、糖度の高いイチゴや桃を開発したとしても、注意を引いたり、興味を持ってもらったりする機会がなければ、全く売れません。

同じように、上司の許可を得たり、部下をスムーズに動かしたりするには、この部分に時間と労力を費やす必要があります。

「みんなは、なぜ、私のアイデアの良さに気づいてくれないのだろう」と嘆く前に、「注意を引けているか」や「興味を持ってもらえそうか」を考えてみてください。

一九三六年に発売されて以降、今なお世界で売れ続けている、アメリカの作家、デール・カーネギー氏の著書『人を動かす』には、「重要感を持たせる」や「関心のありかを見抜く」、それに「演出を考える」など、「ＡＩＤＡの法則」にも共通する、人を動かすための極意が盛り込まれています。

注意を引き、興味を持ってもらうために「ここが重要」と語り、「相手の関心はどこにあるのか」を知り、効果的な「演出を考える」ことが大切なのです。

06

松竹梅の法則

――人はなぜか真ん中を選ぶ

レストランのディナーコースで、一人一万円の「松」、八〇〇〇円の「竹」、それに六〇〇〇円の「梅」と三つの価格設定がされていた場合、なぜか、真ん中の「竹」を選択する人が多いようです。

筆者の知人の割烹料理店の経営者は、「松が二割、竹が五割、梅が三割くらいかな」と傾向を分析しています。

世界的には、これを「ゴルディロックス効果」と言います。

イギリスの童話『三匹の熊（Goldilocks and the Three Bears）』がその由来で、ゴルディロックスという少女が、三匹の熊が住む家に入り、ちょうど良い温度のお粥を選んで食べ、ちょうどよい硬さのベッドを選択して寝るというストーリーから、心理学の分野で、「ゴルディロックス＝ちょうど良いものを選ぶ」という呼び方が定着したのです。

日本の「松竹梅の法則」にしても、世界的な「ゴルディロックス効果」にしても、人は、三段階の選択肢があった場合、無意識のうちに真ん中の選択肢を選んでしまう傾向があるというのは面白いものです。

実際、ビジネスでは、一番売りたい商品を真ん中の価格に設定し、その上位版と下位版にあたる商品を用意する手法が取られています。

たとえば、クルマの場合、フル装備で豪華版のSモデル、必要十分な装備がついたAモデル、そして廉価版のBモデルがあるとすれば、メーカー側が「もっとも売りたい」と考えているのは、プレミアム感があるSモデルではなく、真ん中のAモデルです。

前述したレストランで言えば、「これが売れ筋になるだろう」と考えているのは、やはり真ん中の「竹」なのです。どちらも、

「最上級のものは高い。かと言って、一番下も選びたくない」

という消費者心理を巧みに利用した価格設定と言えます。

もちろん、「とにかく安く」という人もいますが、逆に、最上級のものを選ぶ人が多ければ利益率が上がり、文字どおり「儲けもの」ということにもなります。

職場の話に戻ると、これら「松竹梅の法則」や「ゴルディロックス効果」は、いずれも、

人を動かす際のヒントになります。

「松竹梅の法則」の活用例

・部下に何かの仕事を任せる場合

簡単な作業のA、まずまずの難度のB、そして高い難度のCの中で選択させる。多くの部下がBを選択すると想定すれば、最初からそのことを予想して選択肢を設定できる。

本当なら中難度のBの仕事をA、高難度の仕事のCをBに設定して選択させれば、多くの部下が「松竹梅の法則」でBを選び、最も難度の高い作業を部下が担ってくれる。そうなれば、あなたは監督さえすればよく、負担が軽減される。

この他、新商品に値付けをする場合も、中間モデルを高めに設定しておけば、利益率が上がる可能性もあります。

07

メイヤーの法則
——仕事は単純化すればするほどはかどる

長年、在京放送局で、報道番組のキャスターや解説役を務める中で腐心してきたのが、「難しいニュースをいかに分かりやすく説明するか」という点です。

今でも、大学で学生に時事問題や国際情勢を教える際、「どうすれば、ニュースに関心がなく基礎知識も乏しい学生たちに理解してもらえるか」は大きな課題となっています。

それを端的に示したのが「メイヤーの法則」です。

「メイヤーの法則」とは、「物事を複雑にするのは簡単だが、単純にするのは難しい」という法則で、「シンプル・イズ・ベスト」とも言える法則なのです。

ニュース解説で言えば、ジャーナリストの池上彰さんやニュースキャスターの大越健介さんのような見識がある人は、さまざまな出来事について、全体を俯瞰してとらえ、何がポイントかをシンプルにテレビで語ります。

逆に、全体を俯瞰できない人がニュースに対してコメントをする場合、たいして重要ではない部分に目を向けてしまい、話す内容が散漫になってしまうことがあります。

これは、職場で、部下に対して大まかに方向性を示し、個々の担務を単純化するとはかどり、複雑な仕事をそのまま任せていると効率が上がらないのと同じです。

「メイヤーの法則」を活用した単純化作業例

- 人に何かを説明する場合

「全体をざっくりと大づかみする」→「まず重要な部分を短く伝える」→「枝葉の部分も必要であれば、最後に伝える」

- チームをうまく動かす場合

「チームとして達成したい目標を明示する」→「メンバー一人一人のタスクを単純明快なものにする」→「作業に優先順位をつける」

これらの点に留意すれば、難しそうに思えたことが単純化され、話が伝わりやすくなるほか、チームでの作業効率も上がってきます。

08 カニンガムの法則
――自分が口火を切れば突破口が開ける

「何か良いアイデアはありませんか?」

会議やミーティングの場で、このように働きかけても、同僚や部下から何の発言もないときが多々あります。

「きょうのランチ、どこ行く?」

こんな簡単な質問でも、「そうねえ……」としか答えが返ってこないこともあったりします。

そんな場面で役立つのが、「カニンガムの法則」かもしれません。

「カニンガムの法則」は、一九八〇年代、アメリカのコンピュータープログラマー、ウォード・カニンガムとともに仕事をしていたインテルの元幹部が、二〇一〇年に提唱した法則と言われています。

この法則は、

「インターネット上で正しい答えを得る最良の方法は、質問することではなく、間違った答えを書くことである」

というものです。

ネット上では、正しい答えを教えてくれる人は少ない反面、誤った情報に対しては多くの人が指摘をしてくれるという傾向に着目した法則です。

筆者も、日々ブログを配信し、ウェブマガジンなども発行してきた経験則から言って、「この意味を教えてください」と投稿するよりも、「この意味は○○ですよね？」と投稿したほうが、「それは間違いです。△△です」といったリアクションを得やすい印象はあります。

もっとも、ブログであれSNSであれ、間違いだと知りながら投稿するのは問題ですが、会議などの場であれば、「このアイデアではダメだろうな」と思いながらも、あえて提案してみることで、煮詰まった状況を打開することができます。

一つ、何かアイデアが出れば、

「いや、それよりもこっちの方が」

「だったら、こういうふうにしませんか？」

などといった案が続々出るようになる可能性が高いからです。

これは、タイムマネジメントの観点からも有効です。

たとえば、一〇人のメンバーで一〇分間、だらだら会議を続けると、トータルで一〇〇分も無駄にしたことになります。組織としての生産性を下げないためにも、まず、あなたが口火を切れば、会議の時間を短縮できるかもしれません。

同じような法則に後の項目でとりあげる「マクドナルド理論」があります。

先に述べた「ランチにどこに行くか」で言えば、心理的トリックを活用して、「じゃあ、マクドナルドにしようよ」というのです。

このトリックは、「人はあまり好ましくないアイデアを覆すために、良いアイデアを出す」という習性を利用したものです。

この場合、「え? だったら新しくできたイタリアンのお店にしようよ」とか「コンビニで何か買って屋上で食べない?」といったプランが次々に出るようになるから不思議です。

ベストとは思えない案でも出してみることで、議論を活性化できます。

09
グレシャムの法則
――悪貨は良貨を駆逐する

「悪貨は良貨を駆逐する」

　この言葉を耳にしたことがある方は多いのではないでしょうか。

　材質の悪い貨幣と材質の良い貨幣が同じ価値で流通している場合、良質の貨幣は価値の高さゆえにしまいこまれてしまったり、溶かされたり、海外との取引に使われて市場から消えたりして、悪い貨幣だけが流通するという法則です。

　一六世紀のイギリスで王室の財政顧問を務めていたトーマス・グレシャムが、エリザベス一世に対し、イギリスの良貨が海外に流出する要因を進言した故事に由来しています。

　同じようなことは、職場でも起こり得ます。

「やる気のない人が部や課に入ってきて、全体の活気がなくなってしまった」

「ある社が、値段と質を下げた商品を売るようになったため、業界全体に質を下げて安く売る風潮が拡がってしまった」

これらはいずれも、良貨が悪貨に駆逐されてしまった例、つまり「グレシャムの法則」に合致する例と言えるでしょう。

他にも似たような法則があります。

「グレシャムの法則」と似た法則

- 腐ったみかんの法則——組織のなかに出来の悪い人がいると、周囲に影響して組織全体を腐らせてしまうという考え方。
- 割れ窓理論——ある住宅の一枚の窓ガラスを割れたままにしておくと、いずれ街全体が荒れ、犯罪が増加してしまうという理論。

筆者の経験則からいっても、チーム内に一人でもモチベーションの低い社員、やる気がないスタッフがいると組織全体に伝播しました。「あの人の仕事ぶりが許されるのだったら私も……」という空気が拡がってしまいます。

現在は、大学教育の現場で、学力や志向性が異なる学生たちにやる気を持たせるよう指導していますが、その観点から言えば、以下の四点が不可欠だと感じます。

「グレシャムの法則」に陥らないための方法

- チームを構成している全員に役割を持たせ、達成度を「見える化」させる。
- 仕事をルーティン化させてしまうと、要領を覚えサボり癖がついたり、創造的な行動をしなくなったりするため、随時、メンバーを入れ替えながら、新規プロジェクトに関わらせるようにする。
- 企画募集などの場や表彰の場を設ける。
- 「自分は腐ったみかんになっていないか」と省みさせる。

前述した「割れ窓理論」を例に挙げれば、一九九四年、ニューヨーク市長に当選したルドルフ・ジュリアーニは、市内の住宅の割られた窓の修理や街角の落書きの消去から始め、治安の回復に成功しました。

小さなことでも悪貨の芽は早期に摘んでおくことが重要です。

10

カルマの法則

――良い行いは自分に返ってくる

先の項では「たった一人（一社）でも腐ったみかん化すれば、周り（業界全体）も腐らせてしまう」という話をしました。逆に、自分の行いを変えていけば、良いことがあるという話をします。

それが「カルマの法則」です。

チベット仏教の師、ソギャル・リンポチェは、その著書『チベットの生と死の書』の中で、カルマについて「カルマ、因果の自然法則」と記述しています。

どこかスピリチュアルな話のように感じるかもしれませんが、要は、因果応報＝自分のしたことが自分に返ってくる、ということです。

良いことをすれば良いことが返ってきて、悪いことをすれば悪いことが返ってくるというのが「カルマの法則」なのです。

それは、心理学で言う「好意の返報性」に近いかもしれません。

これも後の項目で解説しますが、「好意の返報性」とは、相手から何らかの好意や親切を受けたときなどに、そのお返しやお礼をしたくなる心理のことです。

部下や年下の社員、派遣やパートのスタッフにも親切で、誰かが困っていたら、自分の仕事を後回しにしてでも手助けできるような人間なら、「カルマの法則」は良い方向に働きます。

また、商談で言えば、「丁寧に何度も相手先を訪問する」「まず、自分から譲歩する」「ギブアンドテイクではなくギブアンドギブの精神で付き合う」ようなタイプであれば、「いつかお返しがしたい」と考えていた相手から、思いがけない手助けを受ける可能性があります。

反対に、「正社員（本社）が上で非正規社員（関連会社）は下」などと考えていたり、「部下には強く上司には弱い」タイプの人間だったりした場合は、「敵意の返報性」に遭遇しかねません。

部下や後輩に「まだできないのか？」と言いたくなる気持ちが生じたら、「どう？　手こずってる？　手伝うよ」と、言葉と行動で示すことが大切です。

11

リーナスの法則
——楽しいからやるという姿勢が大事

一九九一年、フィンランドに住む一人の大学生が、独自でコンピューターのOSを作り出し、それをネット上で公開し一躍有名になったことがあります。

彼の名はリーナス・トーバルズ。その彼の著書の原題が『Just for Fun』（ただ、楽しむため）です。

好きなことに打ち込んだ結果、成功が訪れたというケースは、現在活躍している、メジャーリーガーの大谷翔平選手や棋士の藤井聡太さんらにも当てはまることではないでしょうか。

「楽しいから没頭し、その結果、成功できた」

考えてみれば、誰しもそうありたいものです。

リーナス・トーバルズの話に戻れば、彼は、人が何かをする動機について、次のいずれかに分類されると定義づけています。

マズローの５段階欲求

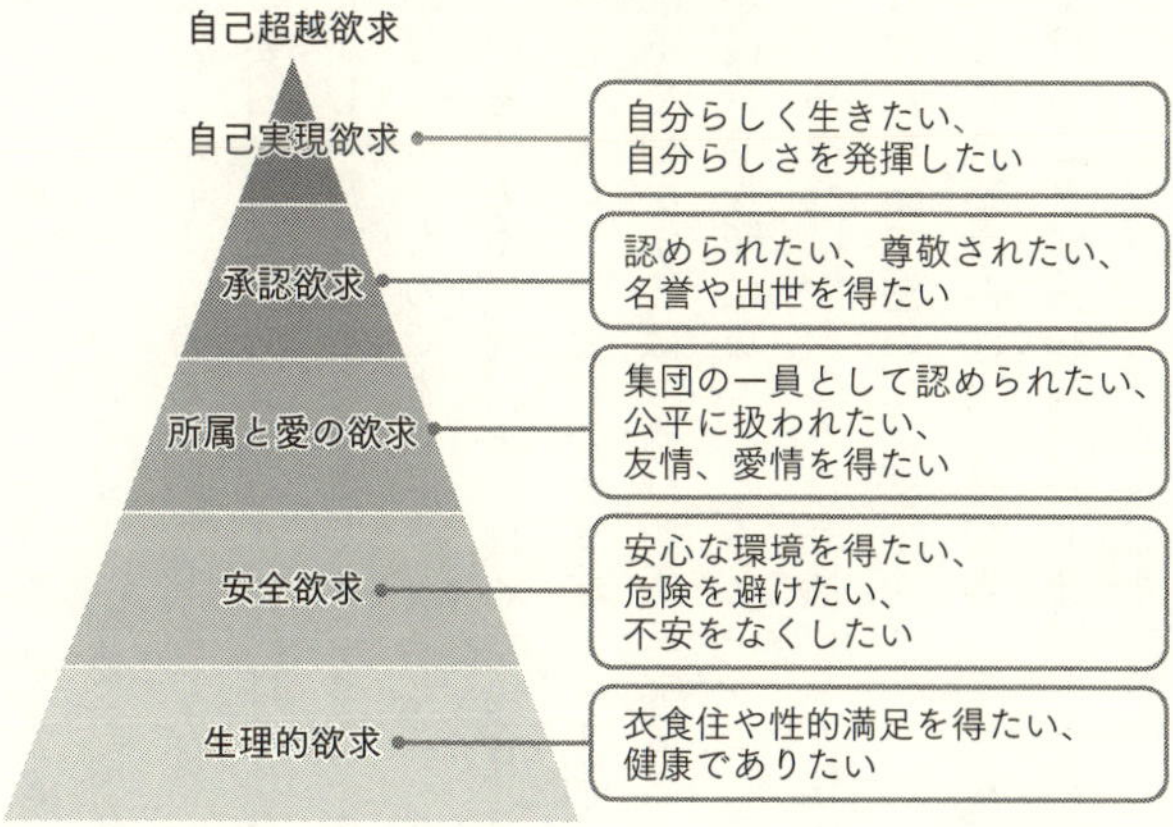

「リーナスの法則」による分類

- 生きること（Survival）
- 社会における生活（Social life）
- 享楽・娯楽（Entertainment）

この考え方は、アメリカの心理学者、アブラハム・H・マズローが示した、人間の「五段階欲求」によく似ています。

人はまず生きるために動き、社会の中で一人前として扱われるために動き、最終的には、自分らしさ（さらにその上に、楽しくて没頭できるという超越した欲求がある）を求めて動くと分類した点で非常によく似ています。

是非、最終段階に注目してください。

「リーナスの法則」と「マズローの五段階欲求」から見えてくるのは、「楽しいからやる」という以上のインセンティブ（動機）はないという点です。

安定した収入を得るため、であったり、周囲から認められたい、というだけであれば、何かの要因で収入が減少したり、注目されなかったりした場合、気持ちが萎えてしまいます。しかし、好きなこと、得意なこと、さらに楽しいことであれば、損得勘定抜きに頑張れる気がしてくるものです。

この考え方を個人に当てはめた場合、「あなた自身にとって楽しいと思えること」で勝負すべき、ということになりますし、上司の立場から見た場合、

「部下を動かすには、適材適所に配置し、楽しいと感じさせること」

が最重要課題になってくるということです。

今、あなたはどのような表情をして仕事をしていますか？　また、あなたの部下や後輩たちはどんな顔で働いていますか？

「やらされ感」だけでは長続きしません。人を動かすには、楽しく仕事ができる環境を作ってあげることが第一歩になりますし、あなた自身も、極力、そういう環境に身を置くことができるよう、声を上げてみてください。

12
言い出しっぺ効果
――プレッシャーもあるがインセンティブも高まる

職場でよくあるパターンが、最初に声を上げた人、すなわち、「言い出しっぺが、その仕事をやらされる」というものです。

子どもの頃、学校で、教室の掃除や動植物の世話など「気がついた人がやりましょう」などと教えられてきたせいか、「最初に何かを提案した人が、その提案を実行するべき」との考え方が根づいてしまっているように感じます。

筆者がいた在京放送局の報道部はその典型で、対面やオンラインでの会議では、自分の意見を言わず黙って他者の意見を聞くだけの部員が多数いました。

部長やプロデューサーから何か意見を求められると、当たり障りのない意見でお茶を濁す部員、さらには、方向性が固まり大勢が見えてきた途端、自分の意見を滔々《とうとう》と語る部員もいて、「それ、初めに言えよ」と言いたくなることも多々ありました。

皆がお互いの顔色を見ながら、自分はどう考えるかよりも、他の部員たちが、別の人が出した意見やアイデアにどう反応するかをうかがっているわけです。これでは、いくら会議を開いたところで、新しいものは何も生まれません。

筆者はまったく違う考えです。言い出しっぺは、「じゃあ、それ、君がやって」と言われてしまいがちですが、損をすることよりも得をすることのほうが多いと考えています。

言い出しっぺのメリット

- 自分のアイデアに責任を持つことが、何よりのインセンティブになる。
- 任せられれば、スタッフの人選や予算の使途などを、自分の裁量で決定できる。
- 自分主導で計画の進行や時間管理ができるようになるため、「時間の手綱を自分で握る」ことが可能になる。

つまり、大きな責任も背負う反面、自分が出したアイデアによるプロジェクトですからインセンティブも高まり、管理能力やタイムマネジメント能力が身につくという大きなメリットがあるということです。

筆者は、新たなワイド番組をゼロから作り上げる際、あるいは、衆議院選挙などの報道特別番組を制作する際、真っ先に、「誰をキャスターに据え、どんなコンセプトの番組にするか」を提案してきました。

その都度、言い出しっぺである筆者がチーフプロデューサーを務めることになりましたが、チーフプロデューサーは予算と人事権を握る大統領のような存在です。

優秀な部員とスタッフだけを集め、予算にも濃淡をつけ、「この人と仕事をしてみたい」と思ってきた著名人らをキャスターやコメンテーターに起用できます。このメリットは、言い出しっぺでしか得られないものだと強く感じたものです。

言い出しっぺになる前の注意

- 本当にそれがやりたいのか、自分にできるのかを自問自答する。
- 「喜んでやらせていただきますが、サブには○○さんをお願いします」といったように、メンバー選びや予算、期限などの条件をつける。

この二点に留意すれば、言い出しっぺになったほうが得るものは大きくなります。

13

クリティカルマス
——まず、三割を味方にすると勝てる

職場で新規のプロジェクトなどを進める場合、重要になるのが「クリティカルマス」という考え方です。

「クリティカルマス」は、物理化学用語の「臨界質量」が語源で、アメリカの社会学者、エベレット・M・ロジャーズが、一九六二年、商品普及の分岐点として提唱したことで、マーケティングの領域でも使われるようになった考え方です。

それは、周囲に影響を与えるには一定程度の比率の確保が重要で、その比率はおおむね三割＝三〇％というものです。

たとえば、企業での女性管理職の割合が一気に増えるのは、全管理職の中で三割を超えたあたりから、また、ＥＶ＝電気自動車が急速に普及するようになるのは、クルマ全体の販売台数でＥＶの比率が三割に達したあたりから、というとらえ方になります。

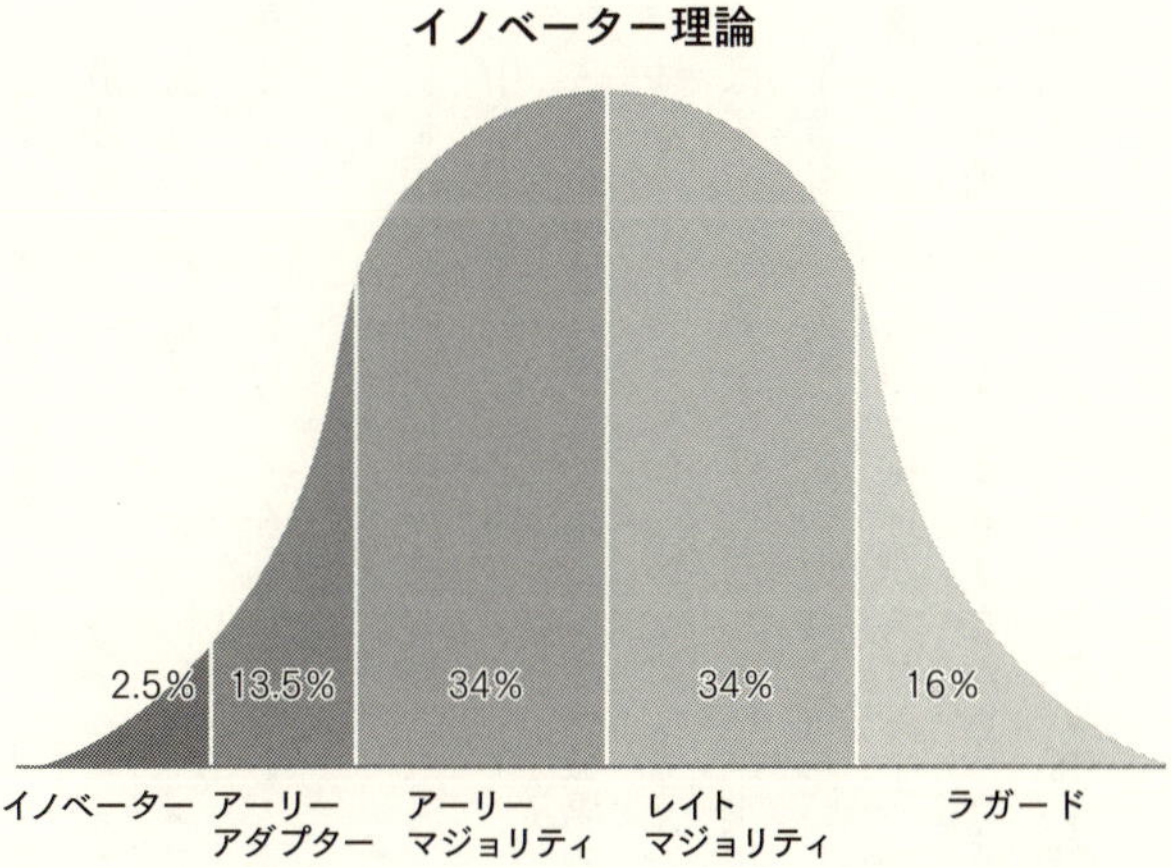

筆者は、しばしば講演などの場で、

「何かを成し遂げたいと思うのであれば、今の職場で三割を味方にしてください。少なくとも、まず十数%の人を理解者にしてください」

と申し上げているのですが、これは、「クリティカルマス」の考え方にもとづいています。

上図は、ロジャーズ博士が提唱した「イノベーター理論」を表したものです。

何か新しい商品が出れば、すぐに飛びつくインフルエンサー的な人たち（イノベーター）が二・五%、それに追随する新しいもの好きの人たち（アーリーアダプター）が一三・五%ほど、世の中にはいるというものです。

つまり、これら二つを足した一六%が、何かを普及させる第一関門ということになります。

しかし、周囲に影響を与えるには、もう少し数が必要で、その割合が、その次に続く流行に敏感な人たち（アーリーマジョリティ）を含めた三～五割ということになるわけです。

前頁の図を補足すると、レイトマジョリティは新しい商品や価値観などに慎重な人々、ラガードは流行には全く左右されない、あるいは、新しいものを簡単には受け入れない人々、ということになります。

話を元に戻せば、少なくとも一六％、できれば三割程度の人を動かすことができれば、世の中は大きく変わるということです。

これを職場に置き換えるなら、職場の六～七人に一人、できれば三～四人に一人を同調者にすることができれば、あなたが考えたアイデア、新規企画、それに慣例とは異なる手法などは、やがて職場全体に認知され、実現に向けて動き出す可能性が高まるということです。

筆者も今、大学という組織で新しいことに挑戦中ですが、いきなり教職員の大半の賛同を得ようと考えるのは無理があります。「誰が理解者になってくれるか」や「誰を味方にすれば話が前に進むか」を考えながら、「まずは十数％、できれば三割の同調者を」と考えながら「クリティカルマス」を実践しています。

14

社会的証明の原理

――「周りの人たちと同じ」の長所と短所

「社会的証明の原理」とは、社会心理学で使われる用語で、自分の判断よりも社会で多数を占める意見に同調して行動をしてしまう心理を指します。

世の中には、何かを選択する場合、「自分で判断するよりも、多くの他人が評価した結果で判断したい」という人が一定数いるものです。

「周りの人たちと同じようにしよう」とは思わないまでも、無意識のうちに多数を形成する集団の行動に影響を受けているわけです。

スーパーや書店で、「今、売れています」などと書かれたポップを見ると、本当は別の商品を買おうと考えていたのに、つい手を出してしまう、あるいは、ネットの口コミサイトやランキングを見て買ってしまうというのが典型的な例です。

特に日本人にはその傾向が強いようです。

ノンフィクション作家の早坂隆氏の著書『世界の日本人ジョーク集』では、沈没船の船長が、避難するようにと乗客に声をかける場面で、日本人を含めた国民性がうまく表現されています。抜粋してみましょう。

沈没船の船長が乗客にかける言葉

- アメリカ人には、飛び込めばあなたは英雄ですよ
- イギリス人には、飛び込めばあなたは紳士です
- ドイツ人には、飛び込むのがこの船の規則となっています
- イタリア人には、飛び込むと女性にもてますよ
- フランス人には、飛び込まないでください
- 日本人には、みんな飛び込んでいますよ

こうしてみると、日本人には「社会的証明の原理」が働き過ぎているように思えて滑稽に感じます。

もちろん、それが必ずしも悪いわけではありません。

その原理をビジネスに応用するなら、日本人の消費者に対しては、商品のメリットや特徴を詳しく伝えるよりも、「どのくらい多くの人に支持（購入）されているか」を伝えたほうが、訴求力が増すことになります。

何か行動を起こさせたいなら、その根拠をいくつも並べるよりも、「みんなもそうしているよ（そうしてきたよ）」と語ったほうが、より説得力を持つということになります。

もし、あなたの考えが少数派なら、先の項で述べた「クリティカルマス」の考え方にもとづいて、同調者を三割程度まで増やすということが重要になります。そうすれば、「○○さんも△△さんも同じ考えだよ」と言いやすくなります。

一方、この「社会的証明の原理」には落とし穴もあります。

多数派の意見に流されてばかりいると、自分の判断軸を持てなくなる恐れがあるほか、少数派の意見をないがしろにしがちになって、組織の多様性（ダイバーシティ）が損われる危険性があります。

また、ネット情報などを鵜呑みにし、誤った先入観を持つことにもなりかねないため、「世の中の大多数が言っている？　本当だろうか？」と疑ってみるクリティカル（批判的）な思考が重要になってきます。

15

バンドワゴン効果

——勝ち馬に乗る

「社会的証明の原理」に似た法則に「バンドワゴン効果」があります。これは、多くの人が支持する物事に対しては、その支持がよりいっそう高くなるというものです。

「バンドワゴン」とは行列の先頭を行く楽隊のことで、楽隊のあとを行列がついていく形から、同質化願望、勝ち馬に乗ろうとする行動や思考を表す言葉として使われるようになりました。

購入者のレビューが多いお店に人が集まり、選挙で事前に優勢と伝えられた候補者に票が集まるというのは、まさに「バンドワゴン効果」によるものです。

職場に当てはめて、自分が考えた企画を通したいといった場合、「バンドワゴン効果」を生むためには、社内の根回しによって、上司や一目置かれている人物を理解者にすることが大切です。

それができれば、今は少数派であっても、同調者の数が増え、「バンドワゴン効果」が得られるところまで持っていくことができるかもしれません。

ただ、筆者は、先に述べた「社会的証明の原理」も「バンドワゴン効果」も必ずしも好ましいと考えていません。筆者もそうですが、社会人として働く間に、いくつものバイアスに縛られ、自由な発想や行動ができなくなっているからです。

自由な発想や行動を奪うバイアス例

- 不作為バイアス＝何かして失敗するよりも何もしないほうがマシという考え方
- 正常性バイアス＝特に何か変えなくてもまだ大丈夫という考え方
- 真実バイアス＝繰り返し聞くうちに、それが正しいと認識してしまうこと
- 確証バイアス＝「彼は内向的」などといった事前情報に縛られ、相手の行動を事前情報に照らし合わせて「なるほどそうだ」と合点してしまうこと
- 合理化バイアス＝イソップ童話「すっぱいぶどう」に代表されるように、最初から挑戦しようとせず、自分の能力不足を合理化してしまうといった考え方

筆者は、これらのバイアスから少しでも解き放たれることこそ重要だと考えています。あなたが管理職であれば、部下や派遣社員などのスタッフに対して、前例や業界の常識などはいったん度外視して、本当にゼロベースで考えさせること、そして、「多くの人はこうだから」という感覚をひとまずなくして挑戦させることが、ブレイクスルー（革新や刷新）への道につながります。

あなたが管理職でない場合は、会議やミーティングの場で、「ゼロベースで考えていいですか？」と確認し、自分が考えていることをそのまま形にしてみることです。

たとえば、ソフトウエア開発会社で「キントーン」などで知られるサイボウズは、青野慶久社長自身が、「社員に説得できるのは社長だけ。だから社長こそリスキリング（学び直し）が必要」と考え、業績を伸ばしてきた企業です。

動画配信大手のU-NEXT HOLDINGSも、宇野康秀CEOや当時の執行役員、住谷猛氏らが、「生成AIが数年以内に社会変革を起こす」と考え、新たな時代に向けて「AIによる就活面接」など「面白いことをやろう」としています。

こうした企業に共通するのは、「他者（他社）を意識していない」という点です。これからの組織やそこで働く人たちにとっては、ここにヒントがある気がします。

本音のコラム①
ゴルゴ松本氏から学んだこと

大学の前期か後期、最後の授業で学生に話して聞かせることがあります。それは「一つ足すか足さないか」という話です。

たとえば、「辛《つら》い」という字に一本足せば「幸」に近い字になります。「吐く」という字から一本引くと「叶う」になります。これらの漢字が示すように、厳しい局面で少し踏ん張って乗り切れば、「幸」が訪れ、夢は「叶う」のです。

これは、漢字研究家で「命の授業」でも知られるお笑い芸人のゴルゴ松本氏から学んだことです。

筆者の人生を顧みたとき、「サッカー中継を見たい」とか「遊びたい」といった気持ちを抑えてきたこと、そして、敗北が続いても、「どこかであきらめてきた結果が今の自分」「最後に一勝すれば勝ち」という気持ちを維持してきたことはほめてあげたいと思っています。少しだけ踏ん張ってきたことが、還暦を過ぎた今も、いろいろな仕事が舞い込む原点になっているように感じます。

ちなみに、漢字の話に戻れば、「逃げる」を少し変えると「挑む」になり、「泣く」から「さんずい」を取ると「立ち上がる」になります。

第二章 管理職として使える法則

16
ピーターの法則
――あなたは有能な管理職ですか？

「あの人、昔は有能だったのに……」

職場で、こんな声を聞くことはありませんか。筆者は前職の在京放送局でも、現在の勤務先である大学でも、しばしばこのような声を耳にしてきました。

これは、「ピーターの法則」に関連するものです。

この法則は、一九六九年、アメリカ・南カリフォルニア大学の教育学者、ローレンス・J・ピーター教授が提唱したもので、人は、職場において、能力の極限まで昇進し、最終的に自身の無能さが露呈してしまう職位に到達してしまうというものです。

もちろん、無能な社員や、たとえ能力は高くても、上司に敬遠されたり運がなかったりした人は平社員や低い職位に留まることになりますが、たとえ有能な社員であっても、やがて無能な管理職になり、職場全体が、無能な人や、やる気を失った人で埋め尽くされてしまうということになります。

筆者が長く勤めてきた在京放送局の例で言えば、番組制作に秀でたプロデューサーや放送局の顔となるような実績を積み重ねてきたアナウンサーが、必ずしも優秀な管理職、もっと言えば、良い経営陣になれるとは限りませんでした。

ワイド番組を制作し高い視聴率や聴取率を上げるためにチームを指揮する能力や、番組でわかりやすく喋る能力と、他の部署を含めて業務を管理していく能力は別です。仮に、その能力があっても、本人が「現場で働きたい」というケースもあります。

筆者自身、報道部や制作部の仕事には自信があったものの、一時、管理職に昇進し編成部に配属されたときは、何をどうしていいのかわからず、仕事内容にも興味が持てず、不毛な二年間を過ごしたことがあります。

また、局の看板アナウンサーだった同僚は、いきなり、アナウンサーという仕事から外され、編成局長という取締役の一歩手前の高い職位に抜擢されたことで体調を崩し、しばらくの間、休職を余儀なくされました。

似たような例は他業種にもありますが、これは組織や企業にとって損です。メジャーリーグで言えば、大谷翔平選手を選手から監督にするようなものです。

たとえば、トヨタ自動車は「幹プロ」と呼ばれる幹部養成プログラムを充実させています。管理職として何をするのか、に始まり、部下とのコミュニケーションの手法を学ぶ「評価者訓練」と呼ばれる研修が徹底されているのです。

一日かけて学ぶプログラムでは、「成果のあがらない年上の部下」「プライドの高い若手社員」「そこそこの意識で働く事務職」といったケースについて、ロールプレー演習が実施されています。

大学の文系学生に人気のニトリホールディングスでも、「社員が自分のロマンを見つけ、実現に向けて成長していくこと」を重視し、四〇代では個々の専門性を高めること、五〇代では経営に必要な総合的スキルの修得に重点が置かれています。

これらはいずれも、職場で実施されているＯＪＴ（＝On-the-Job Training）の域を超えたものです。

筆者が職場で感じてきたこと、そして、先端企業で実施されている管理職教育から言えば、「ピーターの法則」を回避するには、「昇進させる前に意思を確認する」「昇進後の仕事内容や会社側が求める要件を明示する」、さらには「能力向上の機会（管理職教育）を施す」などの対応が必須になると感じています。

17 ダニング＝クルーガー効果
――無能な人ほど過信する

「あの人は無能なくせに、自分のことを『できる人間』と思っているよね？」

　このような声もよく聞きます。

「ダニング＝クルーガー効果」とは、二人の心理学者が、大学生を対象にした実証実験で得られた学説で、「能力が低い者は、自分の能力を過大評価する」「成績が悪い学生は、正しい自己評価ができず、思い込みや先入観によって非合理的な判断をしてしまう」というものです。

　自己肯定感を持っているという点では、良さもあるのですが、会議などで、実績も能力も乏しい人に限って持論を滔々と語る、といったことはご免被りたいものです。

　あなたは、周りからどう見えているでしょうか。

「ダニング＝クルーガー効果」の典型に陥らないためには、次頁の四点に留意しましょう。

「能力がないのに自分を過大評価している」と思われないために留意すること

- 他責傾向が強くないか。
- 少しハードルが高い仕事にチャレンジできているか。
- 目標を数値化できているか。
- 自分に直言してくれる同僚や友人がいるか。

どれも自分を客観視することが原点です。

「自分に問題はない」と考えていると、失敗を第三者の責任にしがちです。これまで何度も経験した仕事ばかりこなしていると、苦労や失敗がないため、適切な自己評価ができない状態に陥る恐れがあります。

目標が数値で明確化されていれば、誰が見ても進捗状況や達成度合いがわかりますし、厳しいことも言ってくれる同僚や友人がいれば、フィードバックが得やすくなります。

18 パレートの法則
——売り上げの八割は全顧客の二割が生み出している

「はじめに」で紹介した「働きアリの法則」。企業や組織に貢献している人は全体のわずか二割で、残りは普通にこなしている人が六割、サボっていて売り上げなどに全く貢献していない人が二割程度いるというものです。

その割合から「二-六-二の法則」とも呼ばれていますが、これに似た法則に「パレートの法則」があります。

これは、「結果の八割は、全体の二割の要素によって生み出されている」という法則で、「二対八の法則」や「八〇対二〇の法則」とも呼ばれています。

一九世紀の後半に、イタリアの経済学者、ヴィルフレド・パレートが、イタリアの土地の八割を、全人口の二割にすぎない富裕層が所有していることに着目し、提唱したとされています。

この法則をビジネスに当てはめてみます。

「パレートの法則」を活用する考え方

・会社の業績の八割は、二割の社員によってもたらされている
どの社員の貢献度が高いかを把握し、貢献度が低い社員に関しては、現在の部署が適材適所になっているのか、なぜ貢献できていないのかをチェックする機会にできる。

・売り上げの八割は、二割の顧客によってもたらされている
優良顧客を特定し、特典を付与したり丁寧な対応を心がけたりすることで、離さないようにする施策のヒントにできる。

・売り上げの八割は、二割のヒット商品によってもたらされている
全ての商品がバランスよく売れるということはないため、売れ行きが良い商品を強くプッシュするとか、売れ行きが悪い商品の原因を分析するなどのきっかけになる。

・やるべき仕事の二割をこなせば、八割できたのと同じ
終わらせるべきタスクの中で、カギを握る二割程度の部分を終えれば気持ちが楽になる。あるいは、残りの作業もはかどる。

たとえば、書籍の執筆で言えば、目次を完成させれば全体像が見え、何かの新規プロジェクトで言えば、キーマンを賛同者にしたり、予算を確保できたりするだけで、前へ進めやすくなる。

このように、「パレートの法則」を使えば、「重要な二割」を発見することができます。そうすれば、優先順位を決めたり、力を入れて取り組むべきタスクが明確になったりするので、作業の効率化や人事戦略、マーケティングなどもしやすくなります。

ただ、落とし穴もあります。

業績に貢献している上位二割の社員だけ抽出し、選抜チームを作ると、今度はその中で、「上位二割とそれ以外」という分布になりかねないという点です。

加えて、重要なタスクだけに集中し、細かな配慮がおざなりになってしまうリスク、あるいは、二割を重視し、残りの八割を不要と考えてしまう危険性もあります。

北海道大学大学院准教授で進化生物学者の長谷川英祐氏は、著書『働かないアリに意義がある』の中で、「七割のアリは休んでいる」と指摘し、それは、予想外の事態に即応すべく「余力」を残しているためと考察しています。

「誰もが必ず疲れる以上、働かないものを常に含む非効率的なシステムでこそ、長期的な存続が可能」

長谷川氏の考察で言えば、上位二割以外の社員がいるからこそ、うまく回っていると言えなくもありません。

また、そんな社員でも、得意な部署に異動したり、上司などから適切なアドバイスがあったりすれば、中位、もしくは上位の働きをする可能性も十分あります。

「パレートの法則」を商品に当てはめた場合も注意が必要です。

今は売れていなくても、長く販売し続ければ売り上げに貢献しそうな商品とか企業イメージの向上につながりそうな商品を軽視しないよう留意したいものです。

19
一対五の法則
――新規顧客獲得には五倍の労力が必要

「大物と呼ばれる国会議員や著名な文化人と初めて会うときは、『この人は私のために、あんなに身銭を切った』と思われるような接待をしなさい」

筆者が駆け出しの記者だった頃、当時の報道部長に言われた言葉です。

「新番組を立ち上げたら、宣伝費を惜しむなよ。既存の番組の何倍もＰＲしないと認知してもらえないからな」

これも、初めて番組ディレクターになった二〇代後半、先輩のプロデューサーから幾度となく聞かされたフレーズです。

当時は、バブル経済の真っ只中で、予算も豊富にあった時代ですが、これらの訓《おし》えは、今もなお活用できる考え方だと思っています。

アメリカのあるコンサルタントが提唱したとされる考え方に、「一対五の法則」というものがあります。

人脈の開拓や新規顧客に商品やサービスを販売するためには、知己の人物や既存の顧客に比べ五倍のコストがかかるという法則です。

実際に五倍かかるかどうかは定かではありませんが、新規顧客に、これまで使っていた商品やサービスからこちらに乗り換えてもらうには、相応の「スイッチングコスト」がかかり、広報戦略を考える時間コスト、キャンペーンを実施するマンパワーも必要になります。

交際費や宣伝費に割く予算、また、それを考える時間などもないという場合は、知己の人物や既存の顧客を大事にしましょう。

知己の人物であれば、接待にコストはかからず、既存の顧客であれば、リピート率をアップさせることで収益の維持ができます。新規の一〇〇万人に一回買ってもらうのと、既存の一〇万人に一〇回買ってもらうのとでは売り上げは同じです。

それでも、新規の顧客開拓をしたいなら、ローコストで済むWebやSNSで告知する、あるいは、新聞などのメディアに取材をお願いする、発信力があるインフルエンサーを探し薄謝で協力を依頼するなどの対策を考えましょう。

特にWeb戦略は重要です。二〇二四年七月に行われた東京都知事選挙では、政党や組織の支持を受けない石丸伸二氏が、約一六六万票の得票で二位に入る健闘を見せました。これは、YouTubeをはじめ、徹底したＳＮＳ対策が拡がりを生んだからにほかなりません。

選対事務局長を務めた藤川晋之助氏は、筆者に、

「これまでは、街頭遊説などの地上戦とメディア出演などの空中戦が九割、Ｗｅｂ戦略は一割程度だったのが、これからはＷｅｂ戦略を五割にしないといけないな」

と語っています。同じことがビジネスにも言えます。

インフルエンサーの活用もポイントになります。

筆者が教授を務めている大学は、滋賀県大津市の郊外にある知名度が低い大学です。そこで、著名な方々に「アドバイザー」や「アンバサダー」といった役職を担っていただくことを提案し、実質的な仕事はほとんどないものの、メディア出演や講演などの際、その肩書を使っていただくことをお願いしようとしています。

これなら、著名な方々の発信力を、名刺代程度のローコストで利用でき、大学の知名度アップ＝受験生の増加も見込めます。こんな方法も、コストをかけず新規顧客を開拓するヒントになるかもしれません。

20 ブルックスの法則
――遅れている仕事に人を増やすな

この法則は、遅延している開発プロジェクトに人員を追加すると、余計に遅延が悪化するというもので、アメリカのコンピューター科学者、フレデリック・ブルックスが、一九七五年に著書『人月の神話』の中で提唱した法則です。

①遅れている作業に新規の人員を投入しても、戦力になるまでに時間がかかる。
②人員が増えると、調整相手が増え、コミュニケーションに時間がかかる。
③人員が増えれば、全員に等しく作業を振り分けるのに時間がかかる。

これらがその理由です。

筆者も経験がありますが、管理職からすれば、人の数を増やすことで作業を前に進めたい衝動にかられます。しかし、それは逆効果だと説いているのです。

これまでの経験から言えば、新規のワイド番組をスタートさせる、あるいは、新たなプロジェクトを立ち上げるといった場合、ある程度、マンパワーが必要になります。

その場合、大きなプロジェクトであればあるほど、次の二点が重要になります。

「ブルックスの法則」を新規プロジェクトに活用する方法

・少ない人員で骨格を作り、大枠を固める

突破力や発信力がある人物を中心に、プロジェクトの賛同者は二人程度で十分。「できるだけ多くの人の意見を聞いて……」という民主主義に偏りすぎると物事は進まない。

・大枠が固まったら、人員を追加し、小さなグループに分ける

グループごとに目標を設定し作業をさせる。少人数なのでコミュニケーションが円滑になり、個々の責任も明確化されるので作業がはかどる。

あとは、各グループの進行状況を定期的にレビューさせればＯＫです。

21

一貫性の法則

――言動の一貫性を利用する

部下に仕事を割り振る際、「何で私ですか?」と反発されるケースがあります。「私より○○さんの方が適任なのでは?」と言われたりもします。

その場合、複数の理由を示せば、動いてもらいやすくなります。

「君は、いいものを作りたいというマインドが高い。コミュニケーション能力もあるし、人望だって厚い」

このように、三つ程度、根拠を示せば、抵抗はかなり緩和されることと思います。

しかし、そうならないケースもあります。そんなときに効果を発揮するのが、「一貫性の法則」です。

一貫性をもって行動することは、多くの場合、肯定的にとらえられています。この法則は、一度やると決めたことは一貫性をもってやり遂げるべきという、人の深層心理を利用した法則と言えるかもしれません。

たとえば、「大型テレビが欲しい」と考え家電量販店の目玉商品を見に行った客が、目玉商品が売り切れていたとしても、別の大型テレビを購入するというのは、一度思いついた、「大型テレビを買おう」という考えを変えたくないという心理が働いた結果です。

ランチに「ラーメンが食べたい」と思った人が、街角で見つけた一杯一三〇〇円もするラーメンを食べてしまうのは、一度決めた行動に一貫性を持たせたい、他の選択肢を考えるのが面倒、と思ってしまうからです。

この心理を、部下を動かすことに応用するなら、「うちの商品、もっと良くしたいと思うよね？」などと問いかけ、「YES」という回答を引き出したあとで、「そこで相談なんだけど……」などと持ちかけてみることです。

新商品を開発する、あるいは既存の商品を改良するためのプロジェクトは、部下にとって負荷がかかる仕事になります。

ただ、一度、「YES」と言った手前、「一貫性を持たせなきゃ」という心理が働き、ハードルが高そうな仕事であっても、受けてくれる可能性が増します。

22

マクドナルド理論

——誰かが言い出せば皆も言い始める

皆さんの中で、こんな会話が交わされた経験はありませんか？

A「どこかランチに行こうよ」

B「はい、行きましょう」

A「どこがいいかな？　何、食べたい？」

B「えー、迷いますね」

C「う～ん……、どこでもいいですよ」

A「じゃあ、マクドナルドにする？」

B「だったら、近くにできたイタリアンレストランはどうですか？」

A「OK。じゃあ、そこにしよう」

先にも少し触れましたが、これを「マクドナルド理論」と言います。「実行可能なアイデアのうち最低のもの」を提案することによって、人々の間でそれを回避しようとディスカッションが始まり、急にクリエイティブになって、良い案を出そうとするという理論です。

マクドナルドはあくまで例で、決して「最低」の選択ではないというのは言うまでもありません。先ほどの会話で言えば、Aの発案のまま、「じゃあ、マクドナルドに行きましょう」となるパターンも多いはずです。

したがって、マクドナルドはロッテリアでもモスバーガーでもいいのですが、会議などの場で、誰からも案が出ない場合、管理職やチームリーダーが、何か一つ、叩き台となるアイデアを出して口火を切れば、他のメンバーから多様な意見が出るようになるというのは、筆者の経験則から言っても、的を射た考え方だなと感じます。

実際、筆者が実践してきた手法を例に挙げてみます。

実践してきた「マクドナルド理論」

- あえて愚案を示す

新番組や報道特別番組のメインキャスターなどを決める際、却下されるであろう芸人さんなどの名前を挙げる→「それなら、この人の方がいい」「この人の方が視聴率（聴取率）が期待できる」といった意見が相次ぐようになる。

- あえて問題ありの案を示す

大学で学生に政策を作らせるグループワークをさせる際、財源の出所が不明な案を示し、「予算と財源は重要」であることを認識させてからディスカッションを開始させる→学生なりに、全体の予算と、どこから財源を捻出するかを考えたプランが発案されるようになる。

たとえばチームに一〇人のメンバーがいるとして、会議で三〇分、煮詰まった状態が続けば、「一〇人×三〇分＝五時間」も浪費してしまいます。

チームでの生産性を上げるためにも、管理職やリーダー自身が口火を切り、メンバーの中に存在する「最初にこんなアイデアを出したらどう思われるだろうか？」といった不安を取り除き、議論を活性化させることが重要です。

会議の話になったついでに、「マクドナルド理論」に加え、「七の法則」についても触れておきましょう。

アメリカ・ボストンのコンサルタント会社、ベイン・アンド・カンパニーのパートナー、西脇文彦氏が、ベイン・アンド・カンパニーの調査をもとにオンライン記事で指摘したもので、会議の参加人数は六人までが適切な数で、「七人を超えると、一人増えるたびに優れた判断を下す可能性が一〇％下がる」という現象を指します。

確かに、自分が出席している会議の中には、アジェンダが不明瞭な会議があったり、必ずしも自分が出席する必要がない会議もあったりします。

同時に、何人が参加する会議なのかも重要で、参加者が多すぎる会議では、何時間かけても話がまとまらないという経験が、皆さんにもあるのではないでしょうか。

会議を開催する場合は、参加人数を絞り、極力、増やさないようにすることが肝要です。

そのうえで、意思決定の方法を決め、まず自分から提案してみることをおすすめします。

23 ショック・ドクトリン
――ショックを与えて導く

筆者の愛読書の一つに、カナダ人ジャーナリストのナオミ・クラインが書いた『ショック・ドクトリン』という本があります。

この本が英語で出版されたのは二〇〇七年ですが、日本では、二〇一一年に翻訳され、上下巻で発売されているので、目にされた方もいるかもしれません。

「ショック・ドクトリン」とは、テロや戦争、自然災害、ウイルスの蔓延など、衝撃的な出来事が起き、国民がショックで思考が停止している隙に、普通なら通らないような法案が通ったり、保護主義的な政策が実施されてしまったりすることを指します。

たとえば、二〇〇一年九月に起きたアメリカ同時多発テロを受けて、アメリカ政府は、多くの民間人が犠牲になったことを大義名分に、国内の軍需産業やセキュリティ業界に巨額の国費を投入し、莫大な利益を約束する構造を作り上げてしまいました。

日本でも、二〇二二年二月に起きたロシアによるウクライナ侵攻や、中国の台湾侵攻に向けた動きなどを受け、その年の暮れには、防衛費の大幅な増額や反撃能力の保有などを盛り込んだ防衛三文書が決定され、防衛力の強化に大きく舵を切りました。

また、新型コロナウイルス感染拡大に伴う行動制限が大きく緩和される動きに注目が集まっていた二〇二三年四月には、医療機関でのマイナ保険証の使用に対応するシステム導入が原則義務化されてしまいました。

このように、国民の関心が、何か一つに集中している間に、政府や権力者が、通常なら国論を二分しそうになる問題をあっさり決めてしまうことが、あまりに多い気がします。

何か危機的な事態が生じた場合、強力なリーダーシップによる決然とした対応は必要です。しかし、ひとつ間違えば、権力の集中につながるほか、民主的な議論を退け、これしか方法はないのだと国民を扇動するリスクも孕《はら》みます。

言ってみれば、「ショック・ドクトリン」は火事場泥棒的発想なのですが、裏を返せば、ビジネスで賢く応用することもできる法則だと思っています。

「ショック・ドクトリン」を職場で応用する方法

・売り上げが大幅に落ち込んだとき
「危機的状況」と位置づけ、大幅な人事異動、組織の改編、新機軸の打ち出しなどをするチャンスと考える。

・競合他社の新商品が大ヒットしたとき
自社製品を見直したり、若手社員や外部スタッフの意見を採り入れる社風に改めるチャンスととらえる。

・政府が「働き方改革」や「賃上げ要請」など新たな施策を決定したとき
経営陣に掛け合い、ＡＩの導入、同一労働同一賃金、五年ごとのリフレッシュ休暇導入、インクルーシブ社会に向けた外国人労働者との共生など、労働改革を求めるチャンスと理解する。

こうして考えると、一般的には悪いこととしてとらえられがちな「ショック・ドクトリン」も、逆手に取れば、上手く活用できることがお分かりいただけるのではないかと思います。

24 ワンフレーズポリティクス
――短く強いメッセージが響く

筆者は、在京放送局時代、ニュースを解説する際、論理的に話をしようと心掛けてきました。現在は、大学でも学生に対して「論理的に話をすることや文章を書くこと」の重要性を、口を酸っぱくして語っています。

文章構成で基本的な「序論→本論→結論」で言えば、序論で自分の考えを主張したあと、なぜそう考えたのか、本論の中で、具体的なエピソードや数的なエビデンスを入れてまとめたほうが説得力を持つからです。

ただ、ときに、論理的な話し方や文章よりも、感情に訴えるメッセージのほうが人の心を動かすことが多々あります。

「自民党をぶっ壊す」

「MAKE AMERICA GREAT AGAIN」

前者は、小泉純一郎元総理大臣が二〇〇一年の自民党総裁選挙で、後者は、アメリカのドナルド・トランプ氏が、二〇一六年の大統領選挙以降、頻繁に発した言葉です。

いずれも短いフレーズで有権者の心を動かしたことから、「ワンワードポリティクス」とか「ワンフレーズポリティクス」と呼ばれています。

人前でスピーチをしたり、部下の気持ちを動かそうと考えたりする際、長々と論理的に語るよりも、短い言葉で本質を語るほうが効果的というケースも多いのです。

言い換えるなら、サウンドバイト（sound bite）です。英語で表記すれば「音でかみつく」となりますが、人の心にかみつく＝感動を与えたり、「そのとおりだ」と思わせたりする、短く強いメッセージを意味します。

テレビやラジオの番組では、著名人の言葉が短く切り取られて放送されることが日常茶飯事です。しかし、一〇秒か二〇秒くらいしか、視聴者や聴取者の頭の中に残らないことも事実なのです。

たとえば、有権者を前にした政治家の演説で最も受けがいいのは、次の四つの要素が揃ったケースです。

人の心を揺さぶる四要素

①窮地に立つ、あるいは窮地に立たされた自分。
②それでも、何としてもやり遂げたい遠く険しい目標やゴールがある。
③だから、数多くの障害や敵に立ち向かっていく。
④短く強い、印象に残る言葉を組み込む。

たとえば、二〇一六年、衆議院議員だった小池百合子氏が東京都知事選挙に初めて出馬したときのことです。

小池氏は当時、演説で、①議員の椅子を投げ打ち、「崖から飛び降りる覚悟」で出馬を決めた、②やり遂げたいのは「東京大改革」、③だから、自民党が推す候補と真っ向から対決する、という三要素を盛り込んで有権者の心を動かしました。そして、「七つのゼロ」というワンワードの公約を掲げ、圧勝しました。

これを職場でのスピーチに応用してみましょう。

「我々がいる部署は不採算部門。しかしかつては社内で稼ぎ頭でした。高い壁ですが、〇〇の部分を変えれば必ず復活できます。不採算部門には目もくれない経営陣たちを驚かす復活劇を一緒にやっていきましょう。キーワードは『やればできる』です」
こんな言い方ができれば、チーム全体が奮い立つのではないでしょうか。

25 ストーリーテリング
――スペックよりストーリー

「クルマはつくらない、クルマのある人生をつくっている。」

メルセデス・ベンツなど輸入車販売大手、ヤナセのコーポレートスローガンです。その言葉どおり、ヤナセの営業マンは、「このクルマの燃費は〇〇、出力は△△……」といったスペック（性能）の説明をあまりしません。

このSUVを購入すれば、週末にこんなことができる、とか、このEV（電気自動車）を買えば、維持費がこんなに抑えられるといった話や、ハンドル一つとってもドイツの職人のこんな思いが込められているといった話をします。

つまり、聞き手の想像力を刺激し共感を呼ぶ、商品にまつわるエピソードを語るのです。これを、ストーリーテリングと言います。

ストーリーテリングとは、会社や商品にまつわる物語を内外に発信していくブランディング方法で、ストーリーとは、個人や商品、お店や企業などにまつわるエピソードやビジョンを指します。

今は、クルマやテレビやパソコンや住宅の性能などは、どのメーカーも大差がありません。技術は年々進歩しているものの、かつてのように新商品に驚くような機能が追加される機会も少なくなりました。

そのため、購入するかどうかを判断するポイントが、商品の機能性の優劣ではなく、「どんな想いで生まれたブランドなのか」や「どんな企業が販売しているのか」に移っています。スーパーや書店などで「農家の○○さんが育てた店長イチオシのお米」とか「書店員が涙した一冊」といったポップが目につくのも、スペックよりストーリーが重視される時代だからです。

同じように、営業トークでも、「建築士が家族の将来を考えながら設計した」とか「私が自信を持って推薦する史上最強の一台」など、開発にまつわるストーリーを語るほうが、通常の営業トークよりはるかに効果があります。それは、対面販売でもネット販売に代表されるEC（＝Electronic Commerce）でも同じです。

26 ジャーディン・フレミングの法則
――こんな会社はダメ

この項では、逆に「こんな会社はダメ」という話をしましょう。

香港を拠点にした資産運用会社、ジャーディン・フレミング（現・J.P.モルガン・アセット・マネジメント）の幹部が、投資の可否を診断する目的で日本企業を訪問しているうちに見出した法則があります。それが「ジャーディン・フレミングの法則」です。

この法則は、日本企業の外見や慣習からその業績や成長性を判断する方法で、ダメな企業の例として次のようなものがあります。

「ジャーディン・フレミングの法則」で診るダメ会社の指標

- 社長が、自分の過去の苦労話に時間を割くような企業は成長が期待できない。
- 社長が著名人との交際を匂わせるような企業には投資を避けた方が良い。

・体操を社員に強要する会社は儲からない。
・スリッパに履き替えさせられる企業は成長しない。
・創業者に自叙伝をプレゼントされたら、その企業への投資は止めた方が良い。
・社長室が豪華な企業は成長率が低い。

つまり、古いしきたりや風習が残っている日本企業は、この先、成長が期待できないということなのです。皆さんの職場はいかがでしょうか？

全ての項目に明確なエビデンスがあるわけではありません。とはいえ、社長の苦労話で言えば、これからやろうとしていることに重きを置いているのか、過去の栄光に力点を置いているのか、経営者のベクトルがどちらに向いているかは重要です。

自叙伝や豪華な社長室も、余計なことに時間とコストを割いているような企業は将来性がないと言っていいと思います。

そういう職場に身を置いている方は、改革の声を上げる必要がありますし、大学生などの場合は、入社を避けた方がいいと言えるかもしれません。

27 ハインリッヒの法則
――事故の裏には多くの要因

「一つの重大事故が起きる背後には、二九件の軽微な事故、三〇〇件の傷害のない事故がある」という「ハインリッヒの法則」。

この法則は、アメリカの損害保険会社に勤務していた統計分析の専門家、ハーバート・W・ハインリッヒが、一九三一年に発表した著書にちなんで名付けられたもので、「ヒヤリ・ハットの法則」とも呼ばれています。

ただ、この法則は、「一対二九対三〇〇」という数字や確率が重要なのではありません。「一件の大きなトラブルの背景には、多数の小さなトラブルがある」と意識しておくことが大切なのです。

また、この法則は、交通事故に関して使われますが、それだけでなく、医療ミス、工場での事故、放送事故、あるいは、企業や大学での不祥事などにも当てはまるものです。

たとえば、二〇二三年八月に世間を騒がせた日本大学アメリカンフットボール部をめぐる薬物事件は、前年一〇月以降、日大側にアメフト部の寮での大麻使用の情報が複数寄せられていたにもかかわらず、日大側が本格的な調査を怠ってきたために、部員の逮捕劇に至る大問題に発展しました。

同じように、二〇二三年七月に発覚した中古車販売大手ビッグモーターをめぐる自動車保険金の不正請求問題も、二〇二一年一一月に、損害保険会社に対し、不正請求に関する告発が寄せられていたにもかかわらず、保険会社とビッグモーター側の対応が鈍く、社会問題化するレベルにまで事が大きくなってしまいました。

二〇二三年から二〇二四年にかけて問題となった自民党の政治資金裏金事件、それに、二〇二四年六月に相次いで発覚したトヨタ自動車やマツダなど自動車大手による性能試験不正問題なども、以前から兆候があったにもかかわらず、スルーしたり軽視したりしてきた結果と言えます。

職場で管理職やリーダーを務めている方は特に、小さなミス、ちょっとしたトラブルが大事に至る可能性もあると考え、軽微なうちに一つ一つ問題となりそうな種を潰しておく気配りが求められるのは言うまでもありません。

28
テンション・リダクション効果
——緊張がなくなると警戒心が弱くなる

靴を購入した際、店員から「防水スプレーや靴クリームはいかがですか？」と問われることがあります。一万円とか二万円をはたいて靴を買うという決断を下したあとは緊張感が緩み、「じゃあそれも」と言ってしまった経験、筆者にもあります。

これが「テンション・リダクション効果」です。

テンションは緊張、リダクションは減少という意味で、文字どおり、心理的な緊張が減少したあとは注意力が散漫になり、警戒心が弱くなる状態を指します。

スーパーマーケットやコンビニエンスストアで、レジの周辺に安価な商品を陳列しているのも、「テンション・リダクション効果」を活用した手法です。

欲しいものを見つけ安心した客が、レジの前で「ついで買い」してしまうことを狙ったものです。

この手法は、営業やマーケティングの場面で効力を発揮します。

先ほど述べた靴店のケースで言えば、靴の購入を決めた客に対して、別の関連商品を勧める「クロスセル」という手法を採っています。

自動車ディーラーが、クルマを購入した客にボディーコーティングを勧めることや、関西の有名豚まん店が、列に並んで豚まんを購入した客にシュウマイも勧めるのは、「テンション・リダクション効果」による売り上げ増を狙ったものです。

この手法は、ECサイトでも有効です。

カート画面に、最近チェックした商品やおすすめの商品を表示させることで、「バッグを購入した客がついでに小銭入れもカートに入れてくれる」といった成果が得やすくなります。

ただ、管理職の方に再認識しておいていただきたいのは、「テンション・リダクション効果」は、最初に購入したものよりも低価格の商品やサービスであるほど効果的で、最初に購入したものと関連性があるものがベストだということです。

低価格の商品の方が購入リスクが低く、衝動的な購入を促しやすく、関連商品の方が「ついで買い」を誘発しやすいことは留意しておきたいものです。

29 ヴェブレン効果
――商品の価格が高いほど需要が増加

東京駅の周辺には、超高級ホテルがひしめいています。アマン東京、シャングリ・ラ東京、マンダリンオリエンタル東京、フォーシーズンズホテル丸の内東京などの外資系ホテルや、パレスホテル東京など日系の高級ホテルが立ち並んでいます。

それらのホテルの多くが、二〇二〇年から拡大したコロナ禍で客室料金の値下げに踏み切る中、逆にアップさせたのが東京ステーションホテルです。

当時、同ホテルの総支配人、藤崎斉氏が、筆者の問いに語った言葉が、今でも印象に残っています。

「私はスタッフに、『見えないところで努力する人になってほしい。品質とは人が見ていないところで手を抜かないこと』と言ってきました。私どものホテルのスタッフの努力は無料ではありませんし、品質が確保されているのであれば、安易にディスカウントしたくないと思いました。軌道修正をしなくても済んでいるということは、お客さまから、価格に見合う品質だと認めていただけているのだと判断しています」

事実、東京ステーションホテルが、コロナ禍真っ只中の二〇二一年、客を対象に実施した満足度調査では、約九五％から高い評価を受けています。

もちろん、価格アップには収益確保という狙いもありますが、安易にディスカウントしなかったことがホテルの質とブランド価値を高めたと、藤崎氏と同じく筆者も考えています。

ホテル業界を例に言えば、「愛媛・大洲城の天守に一泊一〇〇万円で泊まれる」、「鳥取砂丘に一泊六万円のマリオット系ラグジュアリーホテルを誘致」、あるいは「二〇二三年四月に開業したブルガリホテル東京は一泊二五万円から」といったニュースが話題になることがあります。

思わず、「そんな金額、誰が払うのか？」という気になりますが、そんな筆者に、テレビコメンテーターとしてだけでなく、実業家として経営者にも太いパイプを持つ杉村太蔵氏が、テレビ番組でご一緒させていただいた際、このように語ったことがあります。

「ホテルの場合、裕福な外国人旅行者を狙いたいという思いもあると思いますが、基本的には、商品価格が高いほど需要は増加します。安さは必ずしも正義ではなくて、高いからこそ、たくさんの人が憧れる、欲しいと考える、だから売れる、それもブランディング戦略の一つです」

杉村氏が指摘した現象は、「ヴェブレン効果」と言います。

「ヴェブレン効果」は、アメリカの経済学者、ソースティン・ヴェブレンに由来し、値段が高いから売れるという「顕示的消費」や「見せびらかし消費」にもつながる心理現象のことです。

これと似た心理効果に「スノッブ効果」があります。「スノッブ効果」は「他人と違うものが欲しい」という心理から、多くの人が持っているものへの需要が減る現象ですが、これは高級品とは限らず、希少性を求める心理現象を指します。

ここに価格設定や商品開発のヒントがあります。

高価格設定でラグジュアリー感やプレミアム感を出せれば理想ですが、それが難しい場合は、ＳＮＳで「映える」「バズる」といった自己顕示欲を満たす商品開発や、「会員限定」「期間限定」「先着○名さま」など希少性を持たせるといいでしょう。

30

チズホルムの第一法則

――上手くいっているときは何かがおかしくなっている

もう一つ、ダメな会社を判別する法則を紹介します。それが「チズホルムの第一法則」です。

「チズホルムの第一法則」とは、何事も順調に進んでいるように見えるときに限って、何か問題が発生している可能性が高いという法則で、一九八〇年にスウェーデンの心理学者、ピーター・チズホルムによって提唱されたと言われています。

振り返れば、筆者の場合も、チーフプロデューサーとして率いる報道ワイド番組が、首都圏のラジオ聴取率で一位を奪取した絶頂期に、裏では、ネタ選びが雑になったり、「一位になった」と調子に乗る出演者と、「まだ一度や二度、勝っただけだから」と引き締めを図る筆者との間で路線対立が生じたりと、小さな火種がくすぶり始めていたものです。

チズホルムは、自身が提唱した法則を、人間の認知バイアスである「確証バイアス」によって説明しています。

「確証バイアス」は、自分の信念や期待を裏付ける情報にだけ着目し、反証する情報は軽視してしまう傾向を指します。

つまり、何事も順調に進んでいるように見えるときは、良い情報にのみ注目し、「今後は悪化するかも」と思わせるような情報はスルーしてしまうということです。

「驕《おご》る平家は久しからず」と言いますが、好調な業績に酔い、問題が発生している可能性に気づかず、その結果、衰退を招く憂き目を味わう恐れがあります。

「チズホルムの第一法則」を活用するには

- 持続的な成功につながりそうか、立ち止まって検証してみる。
- 好調なときこそ、課題や改善点を見つけ、次の目標設定を行う。
- チームのメンバーに競争意識を持たせたり、数人を入れ替えたりするなどの作業を行う。

リスク管理とも言えますが、業績が下降線を辿る中での改革は後手に回るものです。上昇機運にある中での改革こそ持続可能な成功につながると考えたいものです。

31

ランスの法則

――上手くいっているなら手を加えるな

「チズホルムの第一法則」と対照的なのが「ランスの法則」です。

アメリカ合衆国第三九代大統領、ジミー・カーター政権時代、行政管理予算局で要職を務めたバート・ランスが提唱したもので、

「壊れていないなら直すな」

「物事がうまく運んでいるなら要らぬ手を加えるな」

という法則です。

当時のカーター大統領が、資金が必要な分野には投資をしない反面、特に問題が無い分野に投資している政策的な誤りを政権内から批判したものです。

筆者にも思い当たるフシが多々ありますが、企業にとって、新しいものをゼロから生み出すことは、相応のコストとマンパワー、そして将来的なリスクを伴うので逡巡するものです。

その一方で、現在あるものや既存のシステムや制度、それに人事配置などを改良するのは、それほど億劫に感じないものです。日本が誇る大企業、トヨタ自動車の社風ではありませんが、「改善」は得意なのです。

しかし、上手くいっているものに手を加えると、「改悪」になることもあります。

特に企業においては、社長が変わった、人事異動で新しい部課長になったといった場合、前任者が敷いたレールを変えようとするケースがあります。

明らかに上手くいっていないのであれば、新しいリーダーの下、人員の配置も、プロジェクトの中身も、企画の方向性も変えていいと思いますが、何ら問題なく進んでいるのに、自分色を出そうとするのは間違いです。

たまたま、本書執筆中に筆者が籍を置く大学で新学長が誕生したので、少し言及しますが、びわこ成蹊スポーツ大学の学長に就任した間野義之氏は、早稲田大学で長く教授を務め、東京オリンピック・パラリンピック競技大会組織委員会の参与やスポーツ庁と経済産業省による「スポーツ未来開拓会議」の座長も務めてきた、いわゆる「スター教授」です。

二〇二四年七月に学長に就任した彼は、全教職員を集めた就任挨拶で、「当面は何も変えません。今の形でやってください」と明言しました。

ひとまず上手く物事が回っていて、自身も学長としてスタートしたばかりという中で、「現状維持」を選択したことは、一つの見識だと感じたものです。

かつて経験した部署であっても、数年間、離れていて、今の部員や外部スタッフの力量、ここ数年やってきたシステムや組織としてのルールも十分把握しない中、むやみに変更を加えることは、全体のバランスを崩す可能性があります。

現行のシステムや制度を変更したい場合は、次のステップを踏みましょう。

①現行のプロジェクトを多方面から評価し、変更が本当に必要かどうかを検討する。
②変更を加えることのリスクを慎重に考慮し、「改悪」になりそうなら思い留まる。
③変更する場合、一度に大きな変更を行うのではなく、段階的な導入を検討する。

新任の部課長でなくとも、人はどこかに手を加えたくなるものです。

ただ、定番メニューを変えたら常連客が離れた、改良したつもりが売り上げが落ちた、配置を変えたら人間関係が悪化したというのは避けたいものです。

本音のコラム②
人生＝考え方×熱意×能力

かつては在京放送局の管理職として、そして大学教授の今はキャリアセンター長として周りを引っ張らなければならない中、大事にしている考え方があります。後でも出てきますが、京セラの創業者、稲盛和夫氏による人生の方程式です。

「人生・仕事の結果＝考え方×熱意×能力」

これがその方程式です。中でも注目したいのが「熱意」です。人生を成功に導く、あるいは仕事で好結果を出すためには、前向きな姿勢や一定の能力は必要になりますが、「熱意」がゼロだと、掛け算でもゼロになってしまいます。

筆者は、まさに凡才で考え方も常にポジティブとは言えない人物ですが、「これは」と思った企画などに関しては、圧倒的な「熱意」は示してきたと思います。

「どうしてもやりたいんです」

といった姿勢は、経験上、人を動かします。筆者から見ても、「熱意」のある人は一緒にいて楽しく、こちらにまで伝播してくるように感じます。

一時、遊説の天才と言われた小泉進次郎元環境相は、コツとして言葉に「体温と体重を乗せる」と語っています。この考え方は採り入れたいものです。

第三章

人間関係を良好にする法則

32 メラビアンの法則
——非言語の重要性

以前、『人は見た目が9割』という新書がベストセラーになったことがあります。二〇〇五年から二〇〇六年あたりにかけてのことです。

対人コミュニケーションの大半を左右しているのは、話の内容ではなく、顔つきや目つき、それに仕草だとして、非言語コミュニケーションの重要性を述べた書です。

この考え方は、一九七一年に、アメリカの心理学者、アルバート・メラビアンが提唱した、いわゆる「メラビアンの法則」を基にしています。

この法則は、対人コミュニケーションにおいて、言語情報が七%、聴覚情報が三八%、視覚情報が五五%の割合で影響を与えるというものです。

当時、後輩の記者には話し方のコツを指南し、非常勤講師として教壇に立ってきた大学の学生には、論理的な話し方を教えていた筆者には、かなりの驚きだったことを記憶していま

メラビアンの法則

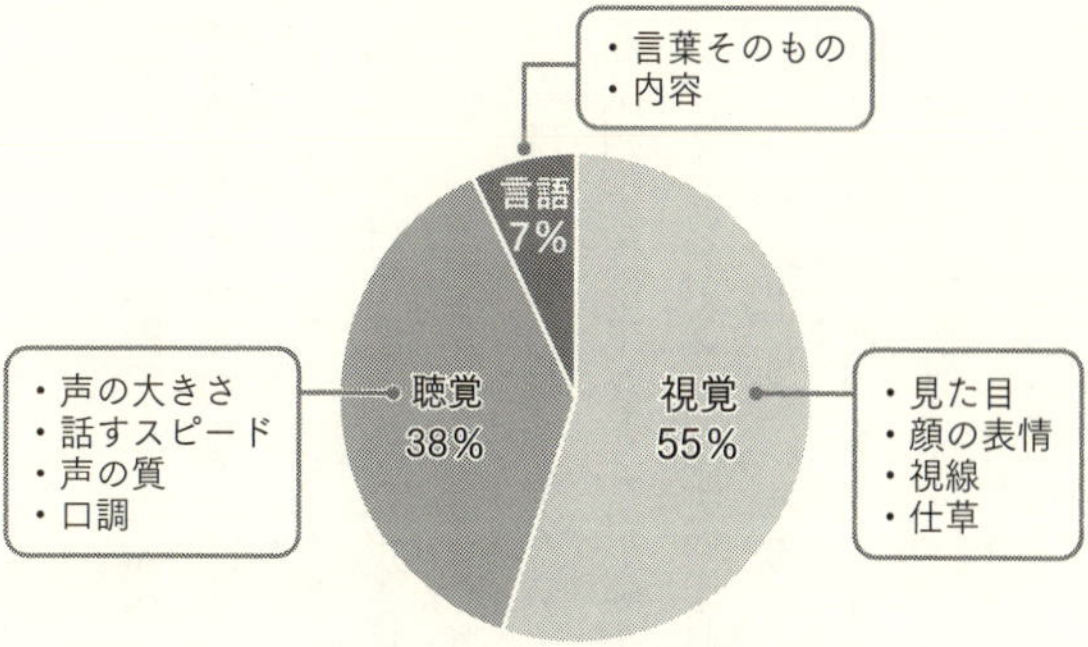

す。

本章では、人間関係を良好にするのに役立つ法則を紹介していきますが、相手が受ける印象を大きく左右する要素して、顔の表情や服装などの見た目、それに視線や仕草が最も大事だとする「メラビアンの法則」は、特に第一印象を良くするうえで気に留めておくべき法則だと感じます。

実際、在京放送局で、就職やアルバイトを希望する学生の面接や、レポーターや番組スタッフを希望する人たちのオーディションを数多く実施してきた筆者も、考えてみれば、見た目や表情、視線や姿勢、それに、声の張りやトーン、話すスピードなど、話の内容以外のところで、「この子はいける」とか、「この人はイマイチ」などと判断してきました。

商談で初対面の相手と会う場合も、「見た目」で「この人は信用できそうか」などと値踏みしてきた感があります。

「メラビアンの法則」から学ぶべきこと

- 清潔感のある身だしなみを心がける。
- 相手としっかり目を合わせ、適切なタイミングで相槌を打つ。
- 口角を上げて明るい表情を保ち、背筋を伸ばすことを意識する。

これらは、就職活動中の大学生はもとより、社会人としてベテランの域に入った人たちにも、商談相手や部下などと対話する際、留意しておいてほしいことです。

ただ、メラビアンは、話の中身はどうでもいいと言っているわけではありません。

ある部分が突出していることで、その印象に引きずられてしまう心理を「ハロー効果」（詳しくは後述）と言いますが、重要な話に入る前に、悪い部分が目立ってしまうと、肝心の話の内容まで印象が悪くなってしまうと唱えているのです。

33
七対三の法則
――会話は相手が七割

これは、筆者が提唱する対人コミュニケーションの法則です。

長く担当してきたラジオ番組では、毎日、政治家や文化人、経営者やアスリートなど、さまざまなジャンルのゲストをお迎えしてきました。

そのほとんどが初対面の方なのですが、聞き手である筆者とゲストが、「五対五」の割合で会話をしてしまうと、

「ラジオは、テレビよりも話す時間がたっぷりあると聞いていたのに、あまり話ができなかった」

相手は、このように消化不良の状態で帰ってしまうことが多々あります。

しかし、筆者が、文字どおり聞き役に徹し、たとえば一〇分間のコーナーで、相手に七分程度語らせれば、「やっぱり、ラジオはいいね」と満足した表情で帰ってもらえます。

これが、筆者の言う「七対三」の法則です。

聞く側は、まず傾聴に徹し、「こちらが話す部分は、相槌を含めて三割程度」に抑えておけば、相手の緊張や警戒感が解け、「これも話したいな」「あの話もしちゃおうかな」と、心の扉がどんどん開いていきます。

相手に気持ちよく話してもらい、「話しやすかった」と満足してもらうほうが、結果的には、筆者や筆者が担当する番組にとってプラスになります。

「次回は、清水さんの話も聞かせてください」

こんな言葉が相手から出れば大成功です。

とはいえ、「九対一」ではなく「七対三」なのは、自分の意見やモノの見方を披露しなければならないときは披露すべきだからです。

相手の話に全面的に迎合したり、「おっしゃるとおりです」という姿勢を見せ続けたりするだけでは、相手からすれば物足りず、相手が「大物」であればあるほど、軽んじられてしまいます。

傾聴しつつも言うべきことは言ったほうが信頼度は高まります。だから「三」の部分も大切なのです。

34 ジラードの法則
――人は二五〇人とつながりがある

「人とうまくつながる」という点では、「ジラードの法則」も重要です。

この法則は、アメリカで「自動車販売のトップセールスマン」として知られたジョー・ジラードの経験則によるもので、「どんな人にも二五〇人程度の知り合いがいる」というものです。

たとえば報道プロデューサーという仕事は、

「線状降水帯によって水害が発生したらこの人」

「中国の東シナ海での動きが不穏になってきたらこの人」

といったように、何が起きても電話やメール、もしくはＬＩＮＥ一本で専門的なコメントを寄せてくれる人脈の多寡がカギを握ります。

筆者の場合、幸い、政治・経済、社会問題、国際情勢、それにスポーツ・文化など多分野にわたって「人脈が豊富ですね」と言われてきましたが、最初から多くの有識者を知っていたわけではありません。目の前の一人を大事にしてきた結果、その人が持っている人脈も、しだいに自分の人脈になっていった、というのが正直な感想です。

たとえば、パリで大きな事件が起き、すぐに連絡できる人材を知らなかった場合、すでに親しい関係になっていたロンドン在住のジャーナリストに電話し、「パリに知り合いはいませんか?」と尋ねます。

そこで紹介してもらえれば、パリ在住の方と丁寧に仕事をし、「また何かあれば宜しくお願いします」と伝え、時折、連絡を取り合う関係を維持しておきます。

数か月後、今度はベルギーで事件が起きた際、だんだんと親しくなっていたパリ在住の方に、「ブリュッセルに知り合いはいませんか?」と聞く……。こんな繰り返しがあれば、世界各地に人脈ができます。

これは、「六次の隔たり」と言って、「知り合いの知り合い」という関係をたどっていくと、五人の仲介者を経て六人目でつながるという、アメリカの社会心理学者、スタンレー・ミルグラムが提唱した考え方にも似ています。

筆者自身も、「こんな人いませんか?」と尋ねられると、すぐに知人を紹介するようにしています。人はそれぞれの世界で多くの知り合いを抱えていますので、一人一人との出会いや付き合いを大事にし、紹介し合えば人脈は増えていきます。誰とでもつながれるようになるということです。

実際、アメリカ・シボレー社のディーラーとして、一九六三年から一九七八年の一五年間で一万三〇〇〇台ものクルマを販売してきたとされるジラード氏も、最初の顧客から、その人の知り合いの顧客に、と人の輪を拡げた結果、伝説のセールスマンになれたわけです。あらためて大事な点を付記しておきます。

「ジラードの法則」で留意すべきこと

- 「ネット社会だから大丈夫」と安易に考えない
  誰とでも簡単につながれる時代とはいえ、ネットでつながった人たちとの関係はあくまでテンポラリーな関係で関係性も希薄。一度はリアルに対面しておく。
- 相手の年齢、性別、職位などで判断しない
  若い人でも意外な人物を知っていたりするもの。「あいつに聞いても」という意識は捨てることが重要。

35

ウィンザー効果

――利害関係がない第三者の情報に信憑性あり

対人コミュニケーションの話に戻れば、「ウィンザー効果」という法則も覚えておいてほしい法則の一つです。

「ウィンザー効果」という名称は、『伯爵夫人はスパイ』という本の登場人物が由来となっています。

アメリカの作家、アーリーン・ロマノネスが書いた自伝的ノンフィクションで、ウィンザー伯爵夫人という人物が、「これを忘れないでね。〈中略〉第三者の褒め言葉は、どんなときでも一番きき目があるのよ」と語った部分が由来となりました。

その言葉どおり、目の前の相手からではなく、第三者による意見や評価は非常に重要です。

「敵は味方の顔をして近寄ってくるんですよ」

とは、二〇二二年七月、凶弾に倒れた安倍晋三元総理大臣が、インタビューでふと漏らした言葉です。

安倍氏の言葉からは、「あなたは素晴らしい」などとほめ言葉で近寄ってくる人物が、必ずしも味方とは限らない、政界の難しい人間関係を物語っていると感じたものです。

逆を言えば、本書を手にされている皆さんとは直接的な利害関係がない第三者が語っている言葉には信憑性があるということになります。

「営業部のA部長が、あなたのこと、ほめてましたよ」

たとえば、広報部に所属するあなたに、他部署の人間から高く評価する言葉が発せられたとしたら、それは客観的な評価として、受け入れてもいいと思います。

ただ、同じ部署で働く同僚から持ち上げられたとしても、それが客観的な自分への評価とは限らないと考え、有頂天にならないことが大事です。

また、メーカーが発する新商品情報で「〇〇部門、第一位」といったPR、あるいは、採用する企業側がホームページに記載する「風通しの良い職場」などといった売り文句には、「本当だろうか？」というフィルターをかけることも忘れてはいけません。

実際に商品を使った人や志望する企業で仕事をしている人の声を聞く、もしくはネット上で見られる第三者によるレビューの内容を見て判断する慎重さも必要になってきます。

この「ウィンザー効果」をビジネスで応用するなら、取引先や消費者からの信憑性を高めるのに、製品やサービスなどに関するアンケート結果を公開することです。また、ネット戦略で言えば、第三者によるレビューの数と内容を精査することです。

近頃は、ベストセラーとなった本の帯に、

「そういう方法があったんだと納得させられました。（三〇代会社員）」

などといった、第三者によるコメントが複数記載されているケースが増えました。ネットで泊まりたいホテルや行きたいレストランを検索すれば、「フロントの対応が親切だった」や「食後のデザートが最高でした」といった消費者の感想が掲載されています。

これらの中には「やらせ」に近いものもあるとは思いますが、少なくとも消費者にとっては参考になります。「ウィンザー効果」をうまく利用してみてください。

36
三対三三の法則
――不満は三三人に伝わる

皆さんは「三対三三の法則」をご存じでしょうか？

商品やサービスに満足した人はその経験を三人に話し、不満に感じた人は三三人にその話を広めてしまうという、「良い噂よりも悪い噂のほうが拡がりやすい」という法則です。

確かに、筆者の経験から言っても、

「技術部のUさんが電話での音声をデジタル音に変換する装置を作ったんだって」

という快挙よりも、

「編成部のMさん、イベントの打ち上げで女子アナにセクハラしたらしいよ」

など、それが事実か否かはともかく、悪い噂話のほうが瞬く間に拡散します。

大学教授に転職した後、古巣の在京放送局の後輩たちと会う際も、最近、職場で起きた良いことよりも、悪いことの話を多く耳にします。

上司の無能さ、新たに加わったメンバーのダメな部分、それに不倫やセクハラといったスキャンダルのほうが面白おかしく話せるというのもあるかもしれません。ただ、それだけ、日頃の言動には注意をしておくことが重要です。

ビジネスで言えば、放送のように視聴者や聴取者がタダで見聞きできるもの、それから宿泊・飲食・旅行などのサービス業、比較的、安価な商品を製造販売している企業は要注意です。

内容や機能のレベルがほぼ同じなら、体験価値や利用価値、あるいは金銭価値で人は評価します。それらは多分に「感動した」「便利だった」「安かった」などといった感情や情緒で判断されるため、感動しなかったり、不便だったり、高かったりした場合は、悪い噂となって発信されやすいのです。

消費者が高価な代償を払って手に入れるサービスや商品の場合は、高い料金を払ったことへの言い訳を考え、良い部分を見つけて我慢しようとするため、不満はあっても悪い噂が発信されにくいということも心に留め置いていただけたらと思います。

37 好意の返報性
――好きになれば好かれる

心理学でよく登場する「好意の返報性」。これは、相手から何らかの好意や親切を受けた場合、そのお返しやお礼をしたくなることを指します。

百貨店やショッピングモールなどの洋服売り場で、何度も試着をさせてくれたうえに、「こちらのほうがお似合いでは?」などとアドバイスもしてくれる店員がいたら、思わず買ってあげたくなります。

また、何かの際にギフトをもらうと、「こちらも返さなくては」という思いになります。これが「好意の返報性」です。

恋愛の場合は、自分が好きになっても、相手が好きになってくれるとは限らないという問題があります。

ただ、ビジネスでは、「好意の返報性」は毎日使える法則、もっと言えば、いつでも誰に対しても有効な、人間関係を良好にするための鉄則と言っていいと思います。

いくつか例を挙げてみます。

職場で「好意の返報性」を活用する方法

・相手をほめる、感謝の気持ちを伝える

ほめられた相手は、同じようにあなたの良い部分を評価しようという気になり、相手がしてくれたことに感謝の気持ちを伝えれば、相手は何か手伝ってあげようという気になる。

・相手に譲る

「我先に」ではなく、まず相手に譲歩する、あなたから先に足を運ぶようにすれば、次は相手が譲歩してくれたり、出向いてくれたりする可能性が高くなる。

・自分を開示する

まず、自分から心を開けば、相手も打ち解けようとしてくれるようになる。

若い人の中には名前すら知らない人もいるかもしれませんが、一九七二年、今でいう中学卒業という学歴しかないにもかかわらず、内閣総理大臣にまで上りつめた田中角栄氏には、中央省庁の官僚の配偶者の誕生日まで記録し、記念すべき日には花束を届けたというエピソードがあります。

官僚からすれば、自分の妻の誕生日に、総理大臣からバラの花束が届くというのは感動ものです。「この人を支えよう」という気持ちになるのも道理というものです。

同じことは、総理大臣や財務大臣、それに自民党副総裁を歴任してきた麻生太郎氏にも言えます。筆者が目撃した国会での会話を一つ紹介します。

「君が出した企画案だけど、じっくり見せてもらったよ。斬新で良いじゃないか」

声の主は、当時、財務大臣だった麻生氏。相手は財務省の若手官僚でした。この官僚からすれば、上司である大臣が自分の企画案に目を通し、ほめてくれるというのは、このうえない喜びだったに相違ありません。

田中氏や麻生氏を評価しないという人もいるでしょうが、こういう側面が、部下たちを「この人に付いていこう」という気持ちにさせてきたのです。

「好意の返報性」は、いつでも誰に対しても使える法則です。是非、きょうから試してみてください。

38

アロンソンの不貞の法則
――他人からほめられた方が心に響く

先に「ウィンザー効果」の項で、「営業部のA部長が、あなたのこと、ほめてましたよ」と、利害関係がない第三者からほめられるケースを紹介しました。

同じ部署に所属する同僚から持ち上げられるよりも、他部署の人間から評価されたほうが信憑性があると述べましたが、信憑性だけでなく、そのほうが相手の心に響くということも忘れてはいけません。

これを「アロンソンの不貞の法則」と言います。

この法則は、アメリカの社会心理学者、エリオット・アロンソンが一九六五年に発表したもので、親しい人や身近な人にほめられるよりも、新しく出会った人やあまり親しくない人からほめられる方が人の心に響きやすいという法則です。

そう言われてみれば、筆者自身、いつも顔を突き合わせている人よりも、初対面の相手や、他部署の付き合いの浅い人にほめられたときのほうが、「ちゃんと見てくれているんだ」と満たされた気がします。

人は誰しも、誰かに認められたいという「承認欲求」を持っています。これが満たされる機会が少なければ自己肯定感を失い、逆に多い人は、心が落ち着き、認めてくれた相手や、「認められているよ」と伝えてくれた相手に好意を抱くようになります。

特に、何ら忖度《そんたく》の働かない第三者、あるいは初対面の相手から受ける評価は、何も他意が混じっていない純粋なほめ言葉と認識されます。

たとえば、あなたが、職場であなたのライバルである同僚へのほめ言葉を耳にした際、「そんなこと、あいつに伝えられるか」という気持ちになるかもしれません。

しかし、そこで、「B社の常務が、仕事が早いってほめていたよ」と伝えれば、ライバルである同僚は単に喜ぶだけでなく、教えてくれたあなたに対しても良い点を評価するようになります。

初対面で誰かと話をする場合は、相手が一番努力をしてきたであろう点を見抜き、「企画書の構成が上手ですね」などとほめることができれば、あなたの好感度は上がり、良い人間関係が築けます。

39 六秒ルール
――アンガーマネジメント

近頃、さまざまなハラスメントが問題化しています。パワハラやセクハラに加え、大学ではアカデミックハラスメント、飲食店や小売店などではカスタマーハラスメントなど、枚挙にいとまがありません。

筆者は、政界や企業、教育機関での数多くの不祥事を取材してきた経験から、「ハラスメント研修」の講師に呼ばれることが多いのですが、そんなときに、まず紹介しているのが「六秒ルール」です。

「六秒ルール」というのは、腹立たしい気持ちが強くなったとき、六秒間だけ、その気持ちを表に出さないように我慢する手法で、腹が立ってきつい言い方をしたくなったら、心の中でゆっくりと「1」から「6」まで数を数えることで気持ちが静まるというアンガーマネジメントの代表格です。

人は、ほめられた記憶よりもきつく叱られたり怒鳴られたりした記憶のほうが心に残ります。還暦を迎え、大学教授に転じた今も、在京放送局の後輩記者から「四〇代の頃の清水プロデューサーは怖かった」などと言われるのは、そのせいです。

以前、ラジオ番組で精神科医の和田秀樹氏から聞かされた対処法は、次のようなものです。「本能や感情を司っている大脳辺縁系で生じた『怒り』の感情を、理性を司る前頭葉で抑えるまでに要する時間は三秒から五秒程度なんです。『六秒待とう』というのはそれが理由です。ただ、僕は、三秒間、深呼吸をして、『まっ、いいか』とつぶやいたほうが、効果があると思いますけどね」

とはいえ、「怒り」は海岸に打ち寄せる荒波のようなものです。六秒の間、我慢をしても、目の前に反抗的な部下や態度を変えない学生の姿があると、再び波が襲ってくるようにムカついてきます。

そうした場合は、「その場を離れる」や「窓を開ける」といった行動を取れば、感情は静まります。それでも収まらない場合は、他のことに意識を向けたり、相手を「気の毒な奴だ」などと考えたりすれば、「怒り」の感情はセーブできます。

40

ハロー効果

――目立つ特徴に引きずられる

「ハロー効果」とは、ある対象を評価する際、一部の特徴的な印象に引きずられ、全体的な評価が歪んでしまう現象を指す言葉で、アメリカの行動心理学者、エドワード・L・ソーンダイクが一九二〇年に発表した論文で提唱したものです。

たとえば、企業の採用活動において、東京大学や慶應義塾大学など難関大学の学生なら、何をやらせても優秀だろうと判断したり、好きな相手なら、「あばたもえくぼ」で、相手の欠点すら「かわいい」と判断してしまったりすることがあります。

また、人気タレントがＣＭをやっているのだから良い商品なのだろうと考え、購入したりもします。

これらはいずれも「ハロー効果」の典型的なパターンですが、先入観や直感によって非合理的な判断をしてしまう心理現象、「認知バイアス」が働いている結果とも言えます。

「ハロー効果」には二種類あって、先ほど述べた例は、ある一つの特徴で全体を良く評価してしまう「ポジティブ・ハロー効果」と呼ばれるものです。

反対に、学歴や語学のスコアが高くない、営業成績が芳しくない、といったマイナス要素だけで悪く判断してしまうことを「ネガティブ・ハロー効果」と言います。

皆さんが人事評価や学生の採用活動に従事する際には、わずか一つか二つの目立つ特徴に目を奪われて、「木を見て森を見ない」にならないよう注意が必要です。

ただ、「人はある特徴で全体を判断しがち」という傾向は、うまく活用できます。

「ハロー効果」の活用法

- 就職や転職に有利な資格、実績を一つか二つ持っておく。
- 「これだけは誰にも引けを取らない」という「売り」を作り、アピールする。
- 「彼は真面目」や「彼女は仕事が丁寧」という評価を得ておく。

自分自身に何か一つか二つ、強烈な特徴があり、それを、上司や取引先、採用担当者などに認知させられれば、それだけで高評価が得られやすくなります。

手前味噌な話ですが、筆者で言えば、アメリカに留学経験があり、一九九二年のブッシュ対クリントン以降、アメリカ大統領選挙を、六度、現地取材した経験があるというだけで、在京放送局時代には、「彼はアメリカ政治に強い」＝「報道なら彼に任せられる」という評価を得ました。

他にもヨーロッパ各国や中東などに長期滞在しての取材経験があり、国会で政治記者も長く務めていましたから、政治と国際情勢には強いという自負はありましたが、裁判や事件には関心が薄く、社会ネタは得意ではないというのが正直な自己分析でした。

それでも、わずかな特徴が際立っていれば、それで評価してもらえるというのが、「ハロー効果」の良い点であり、怖い部分でもあります。

これはテレビの報道ワイド番組のコメンテーターも同じで、「NHK出身だから何でも無難にコメントできるだろう」「東大卒のクイズ王だから解説くらいできるだろう」という制作者側の「ハロー効果」と言っていいかもしれません。

これから就職活動に臨む学生、昇進や昇給、転職などを目指す勤労者の皆さんも、「ハロー効果」をうまく利用して、評価につなげてほしいと願っています。

41
ポッターの法則
——真価のあるものほど人は騒ぎ立てる

「こんな意見をミーティングで言えば、批判が集中するのではないか」

「SNSでこんな意見を発信したら炎上するのではないか」

そんな心配をする方も多いと思います。

ただ、筆者は、非難の声や批判の数が多ければ多いほど、それと相応するくらいの賛同や支持があると考えてきました。

言うなれば「ポッターの法則」です。

この法則は、ある問題に対して寄せられる非難の数は、その問題の真価に反比例するというものです。言い換えるなら、批判が多い意見や姿勢のほうが、価値があるとも言えます。

筆者は、かつては番組を制作したり出演してきた経験、現在は大学で学生と向き合う中で、「アンチの数が多いほど支持者も多い。『可もなく不可もなく』が一番悪い」

という考え方を貫いています。

二〇一〇年、日産自動車がＥＶ（電気自動車）の「リーフ」を発売した際、「車格の割に高い」「航続距離が短すぎる」「カッコ悪い」などと批判が殺到しました。

同年、当時、大阪府知事だった橋下徹氏が「大阪都構想」を具体的に打ち出したときも、「突飛な発想だ」「大阪市民への行政サービスが低下する」と非難の声が渦巻いたのは記憶に新しいところです。

しかし、「リーフ」は日本のＥＶの先駆けとなりましたし、「大阪都構想」も地方自治を考える契機になり、大阪府と大阪市の支出の無駄を削減する機会にもなりました。

必要のない炎上商法は考えものですが、波風一つ立っていない池に一石を投じるのは大事なことです。

筆者は、そこで批判を浴びれば、「それだけ関心が高いのだな」とか「組織にとって改革の一歩にはなったな」と肯定的にとらえ、ニンマリするようにしています。

42
ピーク・エンドの法則
――人はピークと最後の印象で判断する

良好な人間関係を維持するという観点で言えば、「ピーク・エンドの法則」も心に留め置いてほしい法則の一つです。

この法則は、「人は、ある出来事に対し、感情が最も高まったとき（ピーク）の印象と、最後（エンド）の印象で全体的な印象を判断する」というもので、一九九九年、イスラエル出身の心理学者、ダニエル・カーネマンが提唱したものです。

東京ディズニーランドや大阪のユニバーサル・スタジオ・ジャパンで遊んだときのことを思い出してみてください。

アトラクションに乗るために一時間も二時間も待った記憶よりも、「楽しかった」や「面白かった」という記憶が残っているはずです。これは、わずか数分間にすぎないアトラクションでの楽しさ（ピーク）と乗り終わったあと（エンド）の率直な印象が、「長時間、列に並んだ」というプロセスよりも色濃く刻まれているからです。

この法則を、良好な人間関係の維持に応用するなら、自分と相手との間のピークとエンドを印象に残るように演出することが重要、ということになります。例を挙げてみます。

「ピーク・エンドの法則」の活用法

・初対面でピークを作って好印象を残す

最初の食事の機会に、比較的、豪華な食事をご馳走する、双方の共通点（出生地、趣味、仕事への思いなど）を確認し距離を詰める。

・意外性のある行動をとってピークを作る

打合せを会議室などではなく屋外でする、別れ際にさりげなくギフトを贈る。

・対話の途中や最後にピークを作る

「ここだけの話」や「あなただけに打ち明ける情報」を伝え特別感を出す、あるいは最後に値引きに応じ、相手に「値引き交渉に成功した」感を与える。

このように少し気遣うだけでピークとエンドは十分演出できます。

本音のコラム③

ウザい相手をサラリとかわす法則

職場には一人や二人、苦手な同僚や上司がいるものです。会うたびに嫌味を言う人、根掘り葉掘り聞こうとする人、古い考えや自身の過去の栄光話を押しつける人、「君もそう思うでしょう?」と同調を求めてくるような人……。

当然、筆者にもそれらに該当する人物は多々いました。対抗策として実行してきたのは、「つかず離れず」の距離感を保つことでした。

同じ職場ですから無下《むげ》にもできないため、「急ぎの仕事がありますので」などと述べてその場を立ち去る、あるいは、「そういう見方もあるんですね」「その話、以前も教えていただきましたね」「また次回、お声がけ下さい」などと肯定も否定もしないことが肝要です。日本テレビ系ドラマ『花咲舞が黙ってない』のように、「お言葉を返すようですが」と反論してしまうと角が立ちます。そうならないよう、自分の隣に水路を作り、汚水を流す感覚でいいと思います。

もう一つ言えば、相手のクセを知っておくことです。「この人は口先だけ」「この人は体育会気質だからホイホイしておけば大丈夫」と考える余裕があれば、ウザさが許せるかもしれません。

第四章

自分を高めるための法則

43

グロース・マインドセット理論

――能力や才能は努力で開花できる

「グロース・マインドセット理論」は、アメリカ・スタンフォード大学の心理学者で教授のキャロル・S・ドゥエックが提唱した理論で、「人間の能力や才能は、固定されたものではなく、努力しだいで伸ばすことができる」というものです。

本章では、自分を高めるための法則について述べていきますが、就職活動を控えた学生や社会に出て第一線で仕事をしているビジネスパーソンに、まず覚えておいてほしい法則、と筆者は考えています。

もっとも、「努力すれば必ず報われるか?」と問われれば、その答えは「NO」です。運不運もありますし、地頭や身体能力の高さ、努力の量や手法などには個人差があります。

努力をすれば、誰もが東京大学に受かるわけではありませんし、甲子園に出場できたり、オリンピックで活躍できたりするわけではありません。それでも、努力をしない人に成長はありません。

その違いを見ておきます。


努力をする人としない人のマインドセットの違い

- 挑戦「喜んでやってみる」――「挑戦したくない」
- 障害「どうにかして乗り越えようとする」――「高い壁でどうにもならない」
- 行動「行動すれば道は拓けるかもしれない」――「どうせ無駄になる」
- 評価「他者の批評から学ぶ」――「悪い批評は聞きたくない」
- 他者の成功「自分の刺激になる」――「羨ましいと同時に脅威に感じる」

皆さんはどちらのタイプでしょうか。

どちらかと言えば、努力をしないタイプの人は、まず、思い込みやこれまでの価値観を捨てることから始めましょう。

言うなれば、「パラダイムシフト」です。

年齢を重ねれば重ねるほど、思い込みやこれまで培ってきた価値観は固定化されていきますので、「捨てろ」と言われても簡単にはいかないかもしれません。
ただ、これまでの人生を振り返れば、どんな人でも何らかの分野で成功体験を有していま す。

そして、その分野においては「自分には才能がある」「努力すれば成功できる」というマインドセットを実体験してきているはずです。

皆さん自身に関しては、過去の成功体験を思い起こすこと、そして、部下や後輩などに対しては、それぞれが持つ得意領域やスキルをできる限り正確に把握することがスタートラインになります。

これからの社会は、七〇歳定年に変化していきます。大学生なら五〇年、四〇歳なら三〇年、五〇歳でもあと二〇年も働き続けなければなりません。その間に、ＡＩの浸透や外国人労働者との共生など、劇的な変化が生じることと思います。

それでも、「グロース・マインドセット理論」の実践によって、努力することを苦にしない人間になれれば、この先の人生は「ほぼ安泰」と言えるのではないでしょうか。

44 ランチェスターの法則

――ニッチな分野で勝つ

筆者が講演会や研修会の講師として招かれた際、主催者から筆者を「成功者」として紹介されるケースが多々あります。そのように感じたことは一度もないのですが、唯一、「これは良かったかな」と思える点は、ニッチな分野や得意な分野で勝負してきたことです。

オールラウンダーとしては、すごい人たちにはとても勝てません。そこで、せめて「これまで誰も扱っていない分野」、もしくは「得意なことや好きな分野」で勝とうと考えたわけです。

著書で言えば、「父親力」という部分に目をつけたのは筆者が最初です。

「子育て本で、母親の影響力に関する書籍は多数あるのに、どうして父親の役割に関する本はないのか……」

このように考えたのがきっかけでした。長く従事してきたラジオ番組で言えば、

「この時間帯に、ライバル局にはない報道番組を作れば勝てるのでは？」と考え、それを形にしてきました。著作も番組制作も、自分の中では得意分野で、それをすることが好きだったこともプラスに働いたと感じています。

法則で言えば「ランチェスターの法則」です。

この法則は、イギリスのエンジニア、F・W・ランチェスターが提唱したのが始まりで、「強者」と「弱者」がそれぞれ取るべき戦略を示した概念です。

「ランチェスターの法則」には、一騎打ちを想定した「第一法則」と集団対集団の「第二法則」がありますが、ビジネスシーンでは、弱小企業が大企業に勝つための法則として活用されています。

たとえば、モスバーガーは、低価格戦略が一般化する中、高品質で高価格という戦略で支持を得ていますし、光岡自動車は既存のクルマをベースにクラシックカー化させるという手法で一定の顧客をつかみました。

このように、業界大手とは真逆の戦略、あるいは、業界大手が考えないニッチな分野で勝負したことで勝者になれたわけです。個人で言えば、これに「得意」や「好き」が加われば、弱くても勝てる第一歩になる気がします。

45 マーフィーの法則
――失敗の可能性があるものは、いずれ失敗する

「勝ちに不思議の勝ちあり。負けに不思議の負けなし」

二〇二〇年二月に亡くなったプロ野球の元監督、野村克也氏の名言です。元は、長崎県の平戸藩主であった松浦静山の言葉とされています。

「勝つときは、なぜ勝てたのかわからないというケースがある一方、負けたときは、負けにつながる要因が必ずある」

というこの言葉は、筆者も日々の戒めとして心に刻んでいます。

同じような法則に、「マーフィーの法則」というものがあります。

アメリカの航空工学者、エドワード・アロイシャス・マーフィー・ジュニアが行った研究をきっかけに生まれた法則で、「失敗する可能性があるものは、いずれ失敗する」というものです。

本来の意味で言えば、いつも最悪の場合を想定すべきというユーモアなのですが、近頃では、かなり広い意味で使われるようになっています。

日常生活の中の「マーフィーの法則」の例

- 洗車をすると、雨が降る。
- 急いでいるときに限って、赤信号にひっかかる。
- 間違って電話をかけたときに限って、すぐに相手が電話に出る。
- 楽しい予定があるときに限って残業になる。
- 調子の悪い機械を人に見せると通常どおりに動く。
- 画面上では確認できなかったのに、印刷したら誤字が見つかる。
- 集中しているときに限って、電話が鳴ったり来客があったりする。
- ロッカーはほとんど空いているのに、なぜか自分の隣のロッカーを人が使う。
- 飲み会でトイレに立って戻ると、自分の席が誰かに占拠されている。

このように多岐にわたりますが、共通するのは、自分が思い描いたようにはいかないことばかりです。

ただ、「天気予報の確認を怠った」とか「余裕を持ってお出かけをしなかった」、あるいは「『この席、キープしといてね』と声がけしなかった」など、ほとんどのケースで、ちょっとした確認を怠ったり、最悪のパターンを想定していなかったりする共通項も存在します。

先に述べた「負けに不思議の負けなし」もそうですが、良くないことが起きる際は、なるべくしてなる要因があるものです。

「憶測や思い込みで物事をスタートさせてしまった」
「周りはこのように動いてくれるだろうという読みに甘さがあった」
「まさか自分には、そんなことは起きないだろうと過信していた」

こうした失敗を防ぐためには、予算や納期の再チェック、部下やスタッフへの明快な指示、予想されるトラブルへの対策などを講じておく必要があります。

それでもうまくいかなかった場合は、それを「不運」で片づけたり、部下や取引先の責任にしたりせず、失敗に誠実に向き合う姿勢が必要です。

46

鯉の法則

――部下の成長はあなたの器しだい

本書を手にされている皆さんの中には、Netflix や U-NEXT などを通じて韓国ドラマを楽しんでいる方も多いのではないでしょうか。

この項で紹介する「鯉の法則」は、あなたの器しだいで、部下やスタッフは成長もすれば劣化もするというもので、韓国ドラマ『浪漫ドクター キム・サブ』シリーズの中で出てくる法則です。

若手の女性医師が田舎の病院で勤務し、そこで出会った「キム・サブ」と呼ばれる名医と接する中で腕を磨き、以前、在籍していた大学病院の教授から、「うちに帰ってこないか?」と誘われた際、こんなやりとりをする場面があります。

女医「もっと前にそう言ってくだされればよかったのに。私が迷って手術室で耐えられなくなり、眠ってしまったり、倒れてしまったりしたときでも、そんな風に私を信じて、教えてくださればよかったのに」

教授「あのときは、お前は使い物にならなかったじゃないか」

女医「先生、『鯉の法則』ってご存じですか？」

教授「それって、何だ？」

女医「育てる金魚鉢や水族館の大きさによって観賞魚の大きさが変わるそうです」

つまり、教授の下では一人前の医師になれなかったのが、「キム・サブ」の下では成長でき、どんな手術にも臆することなく立ち向かう医師になれたというわけです。

鯉も金魚が、自分で自分が住む池や鉢を選ぶことはできないように、部下や後輩も、上司を選ぶことなく配属されてきます。部下や後輩は、あなたの下、あなたの価値観の中で仕事をしているため、彼（彼女）らに成長してもらいたいと願うのであれば、任せて、ほめて、失敗したら手ほどきをして、うまくいけば評価して……という姿勢が重要になります。

さらに、あなた自身の造詣の深さや器の大きさが、部下たちの成長度合いを決めるのだと考え、筆者もそうですが精進したいものです。

47 引き寄せの法則

——強く願えば引き寄せられる

以前、報道ワイド番組のプロデューサーをしていた頃、心理学者の植木理恵氏に教わったことがあります。

「人間には表面意識（顕在意識）と潜在意識があって、何かを達成したいと考えているのであれば、潜在意識の中に、成功した自分の姿を深く刷り込むといいですよ」

確かに、筆者の人生を振り返れば、ポジティブな思考は、よい結果を引き寄せています。

この一〇年間だけを見ても、「著書でベストセラーを出す」「在京放送局の中で聴取率一位を獲る」「京都大学の大学院に合格する」をはじめ、「大学教授に何としてでも転身する」といった願望は、ほぼ達成しました。

これは、植木氏に教わったとおり、「思考や暗示は現実化する」という考え方に基づき、成功を強く願い、自分なりにＰＤＣＡサイクル（プラン↓ドゥ↓チェック↓アクション）という、計画を立て、行動に移し、途中でチェックをして再び行動に移すという形を継続してきたからだと思っています。

ポジティブに考えると、よいことが引き寄せられるように起きて、ネガティブに考えれば、何事も上手くいかず悪い結果につながる……。

極めてシンプルな法則ですが、筆者の経験則から申し上げても、「そのとおりだな」と感じてしまいます。

これは法則ではなく、名言や金言の類になりますが、京セラの創始者、稲盛和夫氏の言葉にこんなものがあります。

「『思う』ということは、人間のすべての行動の源となっている。何かを強く心に『思う』と、まさにそのことが実現していく」

何とも胸がすく言葉ではないでしょうか。

筆者も、「引き寄せの法則」や稲盛氏の言葉を思い浮かべながら、大学で学生に次のような言葉を発しています。

「人生は、自分が自分につけた値札どおりになる」

48

一・〇一と〇・九九の法則

――微差が大差になる

「微差が大差になる」

この言葉も、筆者が在京放送局時代、後輩に語り、今は大学で学生たちに語っている言葉です。

政財界やスポーツ界など、さまざまな分野の成功者を取材する度に感じてきたのは、「当たり前のことを当たり前にこなしてきた人は強い」ということです。

具体的に言えば、「当たり前のこと」は業種や立場で異なりますが、人には真摯に接する、約束や時間を守る、お世話になったらお礼状を送る、基礎的な練習を怠らない、自分をつねにアップデートする努力をしている、といったことです。

楽天の創業者、三木谷浩史氏の著書『成功のコンセプト』には、微差が大差になることを示す法則が示されています。

それが「一・〇一と〇・九九の法則」です。

毎日、少しずつ努力をすることを一・〇一という数字で表し、これを三六五乗すると、一年後には三七・七八になります。

これに対し、毎日、少しだけの努力を怠ることを〇・九九という数字に置き換え、三六五乗すると、一年後には〇・〇三にまで減少してしまいます。

一・〇一の三六五乗と〇・九九の三六五乗……。スタートはそれほど違わないのに、毎日、ほんのわずかでも上積みをしている人と、そうでない人とでは大差がついてしまうというわけです。

一年後、今の三七・七八倍の自分になるか、それとも、〇・〇三倍の自分になるのかは、わずかな努力の積み重ねがあるかないかで決まるということです。

起業家として大成功を収めた三木谷氏とは比べるべくもありませんが、筆者も、四〇代後半あたりから、望外にも、一部のメディアで「いくつものわらじを履くスーパーサラリーマン」と紹介され、インタビューの依頼が相次ぐようになりました。

特別な才能もなく、商魂もたくましくない筆者ですが、振り返ってみれば、「毎日をゼロにしない」を実践し続けてきたことだけは確かです。

参考までに実践例を列記します。いずれもノーコストできょうから始められることばかりですから、「その程度のことでいいのか」と感じるはずです。

「一・〇一と〇・九九の法則」を実践する方法

- 見たいテレビを少し我慢して、一五分だけ、専門分野に関する本を読んでみる。
- スマホをいじる時間を減らして、ご無沙汰している有識者にメールする。
- 疲れて帰宅しても「本の原稿を一ページだけでも書いておこう」と考える。
- 頭の回転が悪い日は、頭を使わずにできる作業、筆者の場合、大学教員に転職するための履歴書だけ書いておくようにする。
- 休日の午前中も普通に起床し、午前中に「雑誌からの依頼記事を書く」「講演で話す内容のアウトラインを考える」など、複数のタスクをこなす。

49

一万時間の法則
――専門家になるための時間

「どんな分野でも、一万時間、継続して取り組めばエキスパートになれますよ」

脳科学者の茂木健一郎氏が筆者に語ってくれた言葉です。

言わば、「一万時間の法則」ということになりますが、これは、元はと言えば、英国生まれのジャーナリスト、マルコム・グラッドウェルが、著書『天才！　成功する人々の法則』で紹介したので知られるようになりました。

茂木氏は、「国際情勢を語らせれば『清水さん』と言われる人間になりたい」と語る筆者に、こんな言葉を続けました。

「一万時間というと、一日三時間を一〇年続けなければならない計算になりますよね？　ただ、絶対的な意味があるわけじゃなくて、熟達するまでには長い年月を必要とするってことですよね」

「よく、成功者に対しては、『彼には才能があった』なんて言うけど、実際には、継続した時間に起因しているという認識は持っておくほうがいいですよね」

茂木氏が指摘したように、「一日三時間を一〇年継続」というのはかなりの苦行です。とはいえ、一定の継続は不可欠で、筆者の経験則から言えば、「一万時間の一〇分の一」、つまり「一〇〇〇時間」程度は、専門性を身につけるために必要だと感じています。

「一万時間」ではなく「一〇〇〇時間」

- 根を詰めて実行するなら、一日三時間を約一年
- じっくり醸成させたいなら、一日一時間を約三年

筆者は、後者のスタイルを選択し、日米政治しか勉強していなかったところを、三年ほどかけて中国や台湾の政治にも視野を拡げ、著書を出し、オンライン記事を書き、大学でも講義できるレベルにまでなりました。

何かを極めたいなら、まず「一〇〇〇時間」、自分に投資したいものです。

50 ジャムの法則
——多すぎる選択肢は無駄

人生は選択の連続です。「きょうのランチはカレーかラーメンか」といった些細な選択から、人生を左右しかねない選択までさまざまな場面に直面します。

筆者も、大学進学の際は「早稲田か慶應か」、就職活動においては「転勤がない文化放送か、転勤が多いＮＨＫか」、そして、社会に出た後も「家を買うなら都心のマンションか、それとも郊外の一戸建てか」など、大きな選択に直面してきました。

ここで、選択に関する面白い法則を紹介します。

それは「ジャムの法則」というもので、アメリカ・コロンビア大学のシーナ・アイエンガー教授がスーパーマーケットで実施した、文字どおり「ジャム」を使った実験から得た法則です。

次頁に示すのが、その実験内容です。皆さんは、どちらのケースがお客さんの購入率が高かったと思いますか？

A　売り場に二四種類の「ジャム」を並べた場合
B　売り場に六種類の「ジャム」を並べた場合

正解はBです。二四種類もの「ジャム」を並べた売り場では、売り場に立ち寄るお客さんの数こそ多かったものの、購入率はそれほどでもありませんでした。

この実験から言えることは、人は選択肢が多すぎると、その中から選択することを避けてしまう傾向があるということです。考えるのが面倒なことに加え、「間違った選択をして損をしたくない」という損失回避の思考が働くから、とも言われています。

この法則をビジネスに応用するなら、部下やプロジェクトのメンバーに対し、あまり多くの選択肢を提示しないほうがよいということになります。

よかれと思い、多くの選択肢を示すのは時間の無駄と割り切り、二択か三択に留めておいたほうが仕事ははかどります。また、私生活での選択肢も少なくしておいたほうが悩む時間と労力をセーブできます。

51 クラークの三法則
——専門家が言う「不可能」は疑え

「私はね、最初から『できない』と考えるのではなく、『どうすればできるか』を考えなさいって言っているんですよ」

これは、以前、第八七代内閣総理大臣に就任した小泉純一郎氏が、筆者に語ってくれた言葉です。

総理大臣に就任した二〇〇一年当時、国民人気こそ高かったものの、小泉氏が唱える「聖域なき構造改革」、とりわけ郵政民営化は、自民党内の重鎮や政治学者などから「ハードルが高い」「実現はかなり厳しい」と言われ続けていたのを覚えている方も多いのではないでしょうか。

郵政民営化の是非はさておき、小泉氏が「やってみなきゃ、わかんないじゃないの？」という精神で乗り切ったことは評価できると思っています。

同じような考え方は、著名な起業家にも見受けられます。

たとえば、ニトリの創業者である似鳥昭雄氏も、「不可能だと言われて諦めるのではなく、どうすればできるかを考えるのがプロ」という考え方の持ち主です。

筆者はそれが、札幌市に作った似鳥家具店を、全国規模の大手企業に成長させる原動力になったと考えています。

「年長者の声やその道の先達の声には耳を傾けなさい」とは、しばしば言われることですが、時代が大きく変わる中、古い常識に根差した助言や過去の手法にもとづくアドバイスが間違っていることも多々あります。

筆者の場合も、「本なんて書いたって出版までこぎ着けられないよ」とか「五〇代で、今度は京大の大学院受験？　それは無謀すぎる」といった年長者の声をスルーしたことがプラスに働いたと実感しています。

イギリス出身のSF作家、アーサー・C・クラークが提唱した三つの法則の中にある面白い法則を一つ紹介しておきましょう。

「高名で年配の科学者が可能であると言った場合、その主張はほぼ間違いない。また不可能であると言った場合には、その主張はまず間違っている」

52
リトルウッドの法則
――奇跡は一か月に一度起きる

常識では考えられない現象や、普通は起こりえない不思議な出来事を「奇跡」と呼びます。

「ここで逆転できたら『奇跡』だよ」

「『奇跡』でも起きない限り、到底無理」

こんなふうに、日頃の会話の中でも、「奇跡」という言葉は頻繁に使われます。

しかし、日常会話で頻繁に使われるということは、思っている以上に「奇跡」は起きているという裏返しでもあります。

実際、「奇跡の大逆転」や「奇跡の復活劇」など、不可能と思われたことが可能になったケースはいくつもあります。

イギリスの数学者、ジョン・エデンサー・リトルウッドは、奇跡がどれくらいの頻度で起きるのかを計算したことで知られています。

彼は、「奇跡」について「一〇〇万回に一度しか発生しない例外的な事象」と定義し、人間の日常生活における奇跡の発生頻度を推定しました。

人間は一日八時間活動するとし、起きている間は一秒に一度、何らかの事象が発生すると仮定して計算した結果、辿り着いた答えが、「人間は三五日に一度は奇跡を体験する」というものでした。

これを「リトルウッドの法則」と言います。

「東日本大震災が発生した二〇一一年、壊滅的と思われた稲穂のうち三株が、岩手県大槌町の民家の玄関先から『奇跡』的に見つかった」

「二〇〇年もの間、受け継がれてきた醤油の素となるもろみが、地震による津波で全て流されたものの、偶然、震災の数か月前、岩手県釜石市の試験場が陸前高田市の工場から研究用のサンプルとして持ち帰っていたのが見つかり、『奇跡』の復活劇が始まった」

かつて、筆者は震災取材でこのような「奇跡」に遭遇しましたが、どんな世界にも「奇跡」は起こりえます。

「リトルウッドの法則」が示すように、「奇跡」は約一か月に一度、起こるとなると、「私にも『奇跡』が訪れるのではないか」

と、モチベーションが高まってくるのではないでしょうか。

二〇二四年七月から八月にかけて行われたパリオリンピックでは、「体操男子団体の大逆転での金メダル」や「卓球女子個人の早田ひな選手による左手の故障を克服しての銅メダル」など、日本人選手による数々の「奇跡」が感動を呼びました。

これらから見えてくるのは、決して諦めないという姿勢です。

「私たちの最大の弱点は諦めることにある。成功するのに最も確実な方法は、常にもう一回だけ試してみること」

とは、発明王、トーマス・アルバ・エジソンの金言ですが、たとえ苦境に陥っても、何連敗しても、最後に勝てば「勝ち」、諦めず続けていれば「負け」はないのです。

さらに言えば、「リトルウッドの法則」が、人間の活動時間を八時間と仮定して計算している点に注目すれば、活動時間を増やすことで、「奇跡」が起きる可能性を高めることもできます。

小さなことを地道に積み重ねる日常生活の中に、いくつも「奇跡」はあり、「逆転」や「復活」、「まさかの大成功」や「思いがけない勝利」といったミラクルを呼ぶこともできるのだと信じて生きていきたいものです。

53

スタージョンの法則
――あらゆるものの九割はゴミ

「行きたくない飲み会の割合は九割」

「実りのない会議の割合も九割」

「目にするネット記事やSNSで溢れる情報も九割はゴミ」

こんなふうに感じることはありませんか？

筆者などは、ホルダーに溜まった名刺の数々を見て、「二度会うことがない人が九割なんだよな」、外部からもたらされる膨大な情報についても、「使えるのは一割程度、九割がガセ（フェイク情報や未確認情報）」などと感じてきたものです。

これを「スタージョンの法則」と言います。

二〇世紀のアメリカのSF作家、シオドア・スタージョンの言葉からついた法則で、

「この世に生み出されたあらゆるものの九割がゴミ（ガラクタ）」

というものです。

ところが、実際は、行きたくない宴席に顔を出し、まとまらない会議にも出席し、そして、ネット検索で身にならない情報を見ることに時間を浪費したり、と無駄なことに労力を割いています。

かつて、「断捨離」という言葉が叫ばれ、不要な物を断ち切り、物への執着心をなくすことで、身軽で快適な生活や人生を手に入れようとする考え方が広まったことがあります。

それは今も同じで、無駄な付き合い、余計な出費、意味のない情報、役に立たない人脈などを捨てなければ、どんどん自分の時間やお金が失われていきます。

竹を割ったようにスパッとはいかないこともありますが、

「自分のビジネスや私生活に必要ないと感じるものは捨てる」

「自分のビジネスや私生活に本当に必要だと思うものだけ残す」

これくらい徹底したほうが、自分を高めるための時間とコストに余裕が生まれるように感じます。

54

神話の法則

――人生は山あり谷あり、「まさか」という「坂」もある

先にも少し触れましたが、近頃、注目されている営業戦略に「ストーリーテリング」があります。「節電効果がこれくらい」とか「電気だけで六〇〇キロ走れます」といった自社製品の優れたスペックを語るよりも、開発秘話や製品への個人の思いなど、「物語（ストーリー）」で訴えたほうが消費行動を促しやすいからです。

そこで用いられるのが、二〇世紀のアメリカの神話学者、ジョーゼフ・キャンベルによる研究に基づいた「神話の法則」です。

「神話の法則」とは

- 第一幕（はじまり）

日常世界→冒険への誘い→冒険の拒否→賢者との出会い→最初の一歩

・第二幕（展開）
試練、仲間、敵対者→危険な場所への接近→最大の苦難→報酬
・第三幕（終わり）
帰り道→復活→宝を持って帰還

このように三つの章、一二の段階に分かれていますが、大括りにすれば、ヒーロー（ヒロイン）は日常世界から特別な世界へ冒険に出かけ、そこで試練に遭い、同時に仲間、敵と遭遇しながら戦い、最大の危機に直面しながら乗り越え、以前とは違った力や物の見方を身につけ、帰還するというストーリーです。

ジャッキー・チェン主演の作品や『スターウォーズ』シリーズなどの映画、アニメで言えば『鬼滅の刃』などが、「神話の法則」に沿った形のストーリーで、観る人をハラハラドキドキさせてくれます。

同じように、営業戦略として、新商品の発案→コスト高という壁→ベテラン技術職人との出会い→試作品は大失敗→ライバル社の出現→焦りと失敗の連続→ようやく見つけ出した解決策→チームの結束→大成功、といったプロセスを語ることで、取引先や消費者の共感が得

やすくなります。

「神話の法則」が効果的なのは営業戦略だけではありません。皆さんの人生設計においても有効です。

筆者は、大学教授として学生に、「神話の法則」を応用しながら語っています。

「夢を持ち動き出せば、必ず障壁にぶつかり挫折しそうになる場面もあるが、必ず監督やコーチ、先生や先輩といった理解者や支援者が現れる。同時に、強敵も登場することがあるが、仲間もいる。やがて来る最大の難関を乗り切った先には未来がある」

人生には山もあれば谷もあり、「上り坂」や「下り坂」だけでなく、「まさか」という「坂」まであるものの、周りの協力を得ながら諦めずに努力すれば、必ず花開くと伝えています。

それは、還暦を超えた筆者自身への戒めでもあります。

何をするにも一人ではできないことが多々ありますが、助けてくれる人、一緒に戦ってくれる人も必ずいます。その人たちの力を借りながら、敗北にめげることなく前に進めば、何歳であろうと夢はかなう……そんな思いにさせてくれるのが、「神話の法則」なのです。

本音のコラム④
現状維持の法則とその壊し方

「人は選択肢が多くなると、いつもと同じものを選んでしまう」

アメリカ・プリンストン大学の行動経済学者、エルダー・シャフィールが提唱した「現状維持の法則」です。たとえば、セーターを買いにいった際、いくつも選択肢があると、結局、すでに持っているセーターと似たようなものを選んだり、悩んだ挙句、何も買わなかったりするものです。

未知のものや変化を受け入れると、現状の安定した状態を「損失」するリスクがあるため、それを回避しようとする心理が働くからだと思います。

筆者の場合、「迷いそうだな」と思う際、努めて二者択一という構図にしてきました。「大学院に行くか行かないか」「転職するかしないか」といったようにです。それでも迷いますが、最終的には「現状維持は後退」と考えるようにしてきました。

芸術家で哲学者でもあった岡本太郎氏が残した言葉に、「迷ったときは困難な道を選べ」というものがありますが、現状維持か現状打破かの二択で考え、迷った場合は、難しそうな道を選んだほうが後悔がないように思います。

困難な道でも、現状打破への道は新しい出会いや面白いこともたくさんあります。

第五章

男女間で使える法則

55 ボッサードの法則
——男女の距離を縮める方法

本章では、人間関係の中でも主として男女間で使える法則について述べていきたいと思います。

アメリカのペンシルベニア州立大学の心理学者ジェームズ・ボッサードが提唱した法則があります。

それは、「物理的な距離が近いほど、心理的な距離は狭まる」というもので、提唱者の名前から「ボッサードの法則」と呼ばれているものです。

毎日会えるような近い距離にいると、短期間でお互いの気心が知れるようになる反面、滅多に会わない状態が続けば、「去る者は日々に疎し」で、しだいに親近感が薄れてしまうというのが、この法則のエッセンスです。

これまで、「遠距離恋愛は長続きしない」などと言われてきたのも、「ボッサードの法則」

を裏づける典型的な例です。

大学で心理学を学んでいた頃、聞かされた用語に「アレン曲線」があります。

アメリカ・マサチューセッツ工科大学の教授で経営学者のトーマス・J・アレンが示したもので、席の近い同僚と、席の遠い同僚とでは、コミュニケーション量に四倍の差が生じたと言います。そしてフロアや建物が別になると、さらに連絡をとり合わなくなるという結果が出されています。

まだ同性同士であれば、人事異動で部署が別れたとか、どちらかが地方勤務になったといった場合でも、久しぶりに再会すれば、小中学生時代の同窓生に会うような感覚で、「あ、元気？　久しぶり」と、わずかな時間で距離を縮めることができます。

ところが、相手が異性の場合は、それまで机を並べていた仲であっても疎遠になってしまうというのは、「アレン曲線」で言う負の相関度合いが、同性同士に比べれば強いのかもしれません。

しかし、「ボッサードの法則」を理解しておけば、恋愛関係やビジネスでの関係にも役立てられるかもしれません。

端的に言えば、「コミュニケーション頻度」を保つということです。

現代社会には、メールやＬＩＮＥなどに加え、Zoom や Webex などオンラインでのコミュニケーションツールが多々あります。これらを駆使することで、「コミュニケーション頻度」はある程度担保できます。

もちろん、オンラインで恋愛関係にある二人が物理的に触れ合うことはできませんが、お互いの好意を維持する、あるいは、好感度を上げることは可能です。事実、心理学では、「男女が何回も繰り返し接触しているうちに、両者の好感度が上がっていく」「面識がなくても、映像や音などで繰り返し接触していると、好感度が上昇する」といった「単純接触効果」も指摘されています。

恋愛の場合、ストーカー的な接触は厳禁ですが、基本は、恋愛にせよ、ビジネス面での人脈作りにせよ、「三つのまめ」が重要です。試してみてください。

「ボッサードの法則」を実践する方法

- 筆まめ＝メールやＬＩＮＥでメッセージのやりとりをまめにする。
- 口まめ＝電話をまめにし、肉声で会話する機会を担保する。
- 足まめ＝職場の内外を問わず、相手がいる場所に足を運ぶ。

56

初頭効果

――人間関係は出会いが九割

人に会うのが仕事の報道チーフプロデューサー時代、何よりも重視してきたのが「初頭効果」です。

「初頭効果」とは、物事や人に関して「最初に示された情報が、もっとも記憶や印象に定着しやすい」とされる心理効果で、ひと言で言えば「最初が大事」「第一印象が肝心」ということです。

心理学で最初に「初頭効果」を提唱したのは、ポーランド出身の心理学者、ソロモン・アッシュで、今から八〇年近く前の一九四六年、実証実験を行い、「人は全体の印象を形成する際、最初に与えられた情報に最も影響を受ける」という内容の論文を発表しています。

次の①と②を見てください。

①明るい、素直、頼もしい、用心深い、短気、嫉妬深い
②嫉妬深い、短気、用心深い、頼もしい、素直、明るい

これら①と②は、同じ人物の性格を表す形容詞群で、①はポジティブな言葉が先で、②はネガティブな言葉が先となっています。

同じことを言っているのですが、これを耳で聞いた場合、おそらく大半の方が、①は好人物としてとらえ、②は嫌な人物という印象になるのではないでしょうか。

つまり、最初の何秒かで受け取った情報が強い印象として残り、全体の印象判断に影響を及ぼしてしまうということになります。

日常生活に置き換えるなら、たとえば気になる異性と始めて対面するような場合、先に、「メラビアンの法則」の項でも述べましたが、服装、表情、仕草などに配慮する必要があるのに加え、対話の内容にも工夫が求められるということになります。

ビジネスシーンにおいても、身なりや表情は言うに及ばず、どこで接待するか、どのように自己紹介をするか、どんな話題から始めるかがポイントになります。

「初頭効果」で好印象を残す方法

- パリッとした服装を心掛ける＝ビジネスカジュアルでも私服でも、清潔感があるか、トレンドから外れていないか、靴は汚れていないかなどを確認する。
- 口角を上げる＝作り笑顔はわざとらしいため、微笑みをたたえる程度の表情を作る。「きょうは表情が暗い」と感じたら、日本航空が客室乗務員や地上勤務職員に実施している表情を作る言葉、「ミッキー、ラッキー、ハッピー」を数回唱えると口角が上がってくる。
- 飲食店など職場以外で対面する場合は、「私のお気に入り」「最近、評判のお店」「あなたに食べさせたい料理がある」など、一定のこだわりを見せる。
- 名刺交換をする際は「名前」や「本社の所在地」など共通項を探し、自己紹介の場面でも、相手の趣味やキャリアなどの中から共通点を見つける。
- 本題に入る前に、きょう会うまでに起きた出来事や最新のニュースなどの中から、相手が興味を持ってくれそうなネタを選んで話す。
- 初対面での別れ際に、良い印象を残すため、夢や志を語る。

これは筆者が日々実行してきたことです。男女間はもとより、企業の管理職、起業家、そして就職面接を受ける学生にも使えると自負しています。

57

開放性の法則

――仲良くなりたいなら自分をさらけ出せ

相手と距離を詰めたいと考えるなら、皆さん自身の素の部分をさらけ出すのが近道です。筆者の経験則から申し上げれば、「自分をさらけ出さずして親しい関係なし」とも言えるものです。

これが「開放性の法則」で、人は胸襟を開いて自分のプライベートな部分を見せてくれた相手に対して、好感を持ちやすいというものです。男女間で言えば、

「どこかエリートぶってて嫌な感じだったけど、運動音痴でカラオケも下手。ちょっと親近感が湧いてきた」

「覇気が感じられないと思っていたけど、大学ではチアリーダーだったんだ！」

このように、自分の過去や得手不得手などを開陳することで、先に述べた「初頭効果」が芳しくなくても、好感度が上がるケースは多々あります。

相手のプライバシーを、「高校では何部だったの？」とか「今、ハマっている趣味は？」などと根掘り葉掘り聞くのは抵抗がある場合、まず自分から語れば、相手も話してくれる可能性があります。そうなれば距離がぐっと縮まります。

「開放性の法則」はビジネスでも効果があります。

筆者は、部下やプロジェクトチームのスタッフに、家族のこと、自分の過去の失敗、学生時代の話、趣味や特技、苦手な分野について隠さず語ってきました。その結果、

「怖いプロデューサーだと思っていたけど、子ども思いの優しいパパなんだな」

「音楽分野は強くないと思っていたけど、アルバイトで歌手をやっていたなんて意外」

と、思いがけず好印象を持たれるようになった実感があります。

取引先などステークホルダーとの関係においても、相手に色々な面を見せていれば、

「清水さんの言うことだから、仕方がないなあ」

などと配慮してくれたり、こちらにミスがあっても穏便に済ませてくれたりするようになります。

個人情報の管理にうるさく、表面的な対話で済む時代だからこそ、相手と距離を詰めたいなら、まずあなたから個人情報をさらけ出すことが重要なのです。

58 親近効果

――最後に与えられた情報で印象が決まる

A「あなたは、仕事は丁寧。しかし、あまりにもスピードが遅い」
B「あなたは、あまりにもスピードが遅い。しかし、仕事は丁寧」

同じことを言っていますが、Aは「スピードが遅い」の部分が、Bは「仕事は丁寧」のところが印象に残ります。職場で部下らを注意する際、AよりもBの言い回しのほうが、相手を傷つけることなく説諭できます。これを「親近効果」と言います。

アメリカの心理学者、N・H・アンダーソン氏が、一九七六年に実施した実験結果を基に提唱したとされるもので、「最後に提示された情報のほうが印象に残りやすい」という心理的効果を指します。

先に、「最初に示された情報が、もっとも記憶や印象に定着しやすい」とされる心理効果、「初頭効果」について述べましたが、「親近効果」はそれとは真逆です。

大雑把な括り方をすれば、「初頭効果」は、初対面の相手、もしくは、あまり近い関係にない相手に訴求する手法で、「親近効果」は、あなたが話す内容に興味を持ってくれそうな相手、あるいは、ある程度親しく、最後まであなたの話に耳を傾けてくれるような相手に有効な手法と言えるでしょう。

ベストなのは、「初頭効果」と「親近効果」の両方を採り入れる手法です。

「初頭効果」と「親近効果」、両方の採り入れ方

- 文章を書く場合、「序論」→「本論」→「結論」の構成にし、冒頭の「序論」と最後の「結論」に力点を置く。
- 相手にメリットとデメリットを提示する場合、メリット→デメリット→メリット　の順番にし、最初と最後でメリットを強調する。

異性にアプローチする場合も、最初の印象とデートの別れ際が肝心です。第一印象を良くすることに加え、「きょうは楽しかった」という気持ちを最後に見せておくことが大事です。

59 単純接触効果
――複数回接触を繰り返すことで、興味を持つ

一九六八年、アメリカの心理学者ロバート・ザイアンスが論文にまとめ、知られるようになった法則に「単純接触効果」というものがあります。

人は、繰り返し見たり、会ったり、接触したりする回数が増えるほど、親しみや親近感が増すという効果で、学者の名前をとって「ザイアンス効果」とも呼ばれています。

仲良くなりたい異性がいた場合、あくまで、相手に嫌がられていないことが前提となりますが、会う回数を増やすことがもっとも近道です。

たとえば、職場で気になる相手がいるとしたら、相手のデスクや相手がよく行く休憩スペースに行って笑顔で挨拶するなど、顔を合わせる回数を増やすことが第一歩です。

相手と、LINEなどでつながっている場合は、たまに短いメッセージをやりとりする関係になれれば、関係が発展するきっかけになるかもしれません。先に「ボッサードの法則」

で述べたように、「物理的な距離が近いほど、心理的な距離は狭まる」ため、筆まめ、口まめ、足まめであることは不可欠です。

この「単純接触効果」の面白いところは、ビジネスにも有効という点です。

親しくなりたいビジネス相手との関係で言えば、メールやＬＩＮＥ等で「単純接触効果」を活用する際、相手に新しい情報、相手が知りたいと思っている情報を、うるさく思われない程度に提供することがポイントです。

また「単純接触効果」は、モノや音楽など多岐にわたりますので、「この商品をヒットさせたい」と思うのであれば、「商品を店頭など人目につく場所に置く」、「高額のテレビＣＭ一本よりも、ネット広告や電車広告など、繰り返し見てもらえそうな宣伝活動を実施する」といった工夫が必要です。

そうすれば、消費者の中で、反復接触による概念形成と既知感の上昇によって、

「最初は興味がなかったけど、一度、購入してみたくなった」

「変だと思っていた楽曲をいつしか口ずさむようになっていた」

などといった変化が生じるかもしれません。

60
類似性の法則
――共通点の多さは「両刃の剣」

「初頭効果」の項で、名刺交換をする際は「名前」や「本社の所在地」など共通項を探し、自己紹介の場面でも、相手の趣味やキャリアなどの中から共通点を見つけましょうと述べました。

共通点を見つけた瞬間、相手との距離が近く感じられるようになった経験は誰にもあると思います。

自分と共通点を持つ人に親近感を覚えることを、心理学では「類似性の法則」と言います。「類似性の法則」は、「名前」「出身地」「学歴」「部活動経験」「趣味」「住んでいる地域」など、相手との共通点が多ければ多いほど強く作用します。

この「類似性の法則」は、一九六一年にアメリカの社会心理学者、セオドア・ニューカムが発表した、「人は態度や価値観が類似しているほど仲良くなりやすくなる」という研究成果を、後に、同じアメリカの心理学者、ドン・バーンとドン・ネルソンが、さらに研究を重ねて提唱したものです。

類似性が高ければ、「自分と同じで安心できる」「衝突することが少ない」「相手と自分を一体化しやすい」という良さがあります。

本章のテーマである男女間の関係においては、仲良くなりたいという異性がいた場合、「出身地が同じ四国地方」とか「高校野球ファン」とか、少しでも共通点を探してコミュニケーションの機会を増やすことをおすすめします。

ドン・バーンは「合意的妥当化」と名づけていますが、共通点が多ければ、相手も、自分の考え方を肯定的にとらえてもらえると安心し、あなたに親近感を持ってくれる可能性が高くなります。これは、ビジネスでも同じです。

「類似性の法則」をビジネスに応用する方法

- 顧客、取引先の担当者などとの共通点が見つかれば、会話が円滑に進む。
- 顧客、取引先の担当者の趣味に合わせてみることで共通点を作る。
- 商品などをプロモートする際、著名人ではなく一般人を起用したほうが、消費者との間で類似性があり、消費行動につながりやすいケースがある。

ただ、「類似性の法則」で気をつけたいのが、似ているからこそ不快に感じるケースもある点です。

脳科学者の中野信子氏は、筆者が在籍していた在京放送局の番組に出演した際、このように語っています。

「人には、愛着や信頼感を形成する『オキシトシン』というホルモン物質があります。類似性のある相手には高い愛着や信頼感を持つ半面、『この人は味方じゃない』と思うような出来事があると、このホルモンによって、排他的な感情や妬みといった、『オキシトシン』の悪い効果が出てしまうことがあります」

中野氏は、自分に似ているという「類似性」や、頑張れば相手のポジションに手が届く「獲得可能性」が高い場合、「味方→敵」に変わりやすいと話しています。

仲が良かった夫婦が憎悪し合うようになったり、職場で親しかった同期と敵対するようになったりするのは、その典型です。

共通点が多く類似性が高いことは、「両刃の剣」と考えておくべきかもしれません。

61

フレーミング効果

――提示の仕方によって相手の行動は変わる

A「この手術は、一〇％程度、失敗が想定される手術です」

B「この手術は、成功率九〇％の手術です」

病院で主治医から、このように聞かされたとき、AとBとでは、どちらが安心して手術台に上がることができるでしょうか。

筆者なら、言うまでもなくBです。

同じ内容の話であっても、物事を表現する方法や説明の仕方によって、相手に与える印象が変わってしまう心理効果を「フレーミング効果」と言います。

これは、ノーベル経済学賞受賞者でプリンストン大学名誉教授のダニエル・カーネマンと、心理学者のエイモス・トヴェルスキーが、一九八一年にアメリカの権威ある学術誌『サイエンス』で発表したものです。

左の図も、示している内容は同じですが、印象はかなり違います。筆者であれば、「糖質80％オフ！」と書かれたヨーグルトを「体に良さそうだな」と感じ購入します。

物事を表現する枠組み（フレーム）の切り取り方によって受け取り方はやはり変わってきます。

男女間の恋愛で言えば、

A「私はモテないから、これまで恋人はいない」

B「私は付き合うなら真剣に付き合いたいから、これまで恋人はいない」

これらAとBのうち、Aは「モテない」が印象に残り、その人の価値を下げかねません。

しかし、Bであれば、「恋愛に真摯」「相手に誠実」といった好印象を与えることができます。

あなた自身の性格や特徴を相手に伝える際も、「引っ込み思案」「人と話すのが苦手」などとネガティブなワードを並べるよりも、「何事にも慎重なタイプ」「相手の話を聞くほうが好き」な

フレーミングの法則

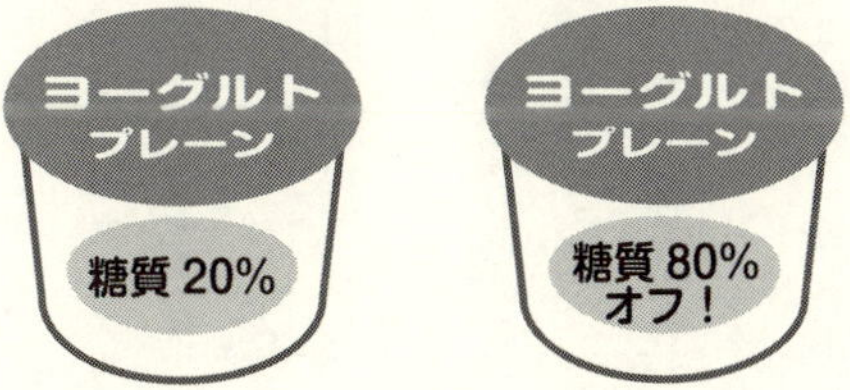

ど言い換えれば、ポジティブな印象に変わります。

筆者は、常々、大学で就職活動中の学生に対し、

「就活は自分を売り込む場なのだから、自分を否定するような表現はするな。必ず別の言葉に言い換えるんだよ」

と口を酸っぱくして話しています。これも「フレーミング効果」を狙ったものです。

昨今、ビジネスの世界では、前述したように、「スペック（性能）よりもストーリー（開発秘話や製作者の思い入れなどの物語）を語れ」と言われています。

その点で言えば、「本日のお買い得品、キャベツ」という表現よりも、「地元農家の○○さんが丹精を込めて作ったキャベツ」のほうが好印象を持たれやすくなります。

また、「○○を多く配合した健康食品」とうたうよりも、「購入者の九〇％が効果を実感しています」とか、「月額三〇〇〇円お得」と語るよりも「年間三六〇〇〇円お得」と銘打ったほうが、「損はしたくない」という消費者意識に訴求できます。

恋愛の話に戻れば、「今までダメだったじゃん」とか「○○君はこういう性格だから、その方法は無理」などと語るよりも、「次はいけるかも」「○○君は、ここが長所だから、きっと成功する」と語るあなたのほうが、きっとうまくいきます。

62
カクテルパーティー効果
——多くの情報から欲しているものだけ選ぶ

カクテルパーティーのような騒がしい場所であっても自分の名前や興味関心がある話題は自然と耳に入ってくるという心理効果を、その名もズバリ、「カクテルパーティー効果」といいます。

一九五三年にイギリスの心理学者、コリン・チェリーによって提唱されたものです。

確かに、宴席のような騒々しい場所であっても、自分が興味を持っている相手の声や自分に関係するようなワードだけは、不思議と耳に入ってきます。

これは、脳が、耳から得た音声情報を無意識に取捨選択し、自分にとって必要な情報だけを認識して脳内の処理を進めているから、と言われています。

いわゆる「地獄耳」や、「誰かが自分の話をしている気がする」と感じるのも、「カクテルパーティー効果」によるものです。

これを、「気になるあの人に近づきたい」というケースに応用する場合、大勢が集まる場所で、誰かと会話をする際、「気になるあの人」が気になるワードを語ればいいわけです。その人の名前はもとより、趣味とか仕事に関して、誰かと話をすれば、「カクテルパーティー効果」によって、その人の耳に届くかもしれません。

もちろん、ビジネスにも応用できますので、まとめておきます。

「カクテルパーティー効果」をビジネスに応用する方法

- ターゲットを明確にしてアピールする

集客などの際、「新社会人の方限定」とか「○○にお住まいの方へ」といったキーワードを設定すれば、「自分に当てはまる」と感じてもらえる割合がアップする。

- 関心がありそうなワードを使用する

商品販売などの際、「地域で一番安い」「育児に便利」「テレワークに最適」「巨大地震への備えに」といった関心がありそうなキーワードを使用する。

63 確証バイアス
――思い込み以外の部分に目が行かない

「最近、返信が全然来ないけど、嫌われたかな？　きっと忙しいだけだよね」

不安を打ち消すために、都合のいい理由や情報を集めた経験、皆さんにはありませんか？

認知心理学や社会心理学で取り上げられるバイアスの一つに「確証バイアス」というものがあります。

先にも少し触れましたが、これは、自分の思い込みや願望を強化する情報ばかりに目が行き、そうではない情報は軽視してしまう傾向のことを指します。

恋愛では、しばしば「あばたもえくぼ」などと言われますが、都合の悪い事実には蓋をしてしまう行為も「確証バイアス」です。

ビジネスシーンではもっと起こり得ます。

たとえば、新規事業を立ち上げる際、発案者が、そのプロジェクトの成功した姿を思い描

確証バイアス

くあまり、プラスになるような情報は集める反面、不安要素には目を背けてしまうといった事象です。

「確証バイアス」に陥らないためには、「情報の出どころは信頼できるか」「視野や視点が偏っていないか」など、一度、立ち止まってチェックしてみることです。

ビジネス用語としては言い古された言葉ですが、自分（自社）の強みと弱みを見極め、後押ししてくれそうな機会（有利な要素）と脅威（不利な要素）を把握するSWOT分析をしたうえで、プランを前に進めるか、改善を加えるか、あるいは撤退するかなどを考えるべきです。

筆者は、これまで何足ものわらじを履く中で、新たな行動に出る際は、次の点に留意してきました。

「確証バイアス」を回避する方法

- 自分にとって何（上司の目、世間体など）がバイアスとなりそうかを把握する。

- 過去の常識や固定観念に縛られていないか確認する。
- 「本当にそうなのか？」と批判的（クリティカル）に物事を見る。
- 自分とは反対の考え方をする第三者や過去の成功者の意見に耳を傾ける。
- 出どころが確かなデータや数字を参考し、情報源の多様化を図る。

それでも、「自分ならできる」という過信、「どうしても成功させないと立場的にまずい」といった焦り、さらには「同期には負けたくない」という感情などが、不都合な真実から目を背けるバイアスになります。

誰かと仕事をする際にも、相手の学歴やキャリアに目がいったり、情報を集める際には、すでに自分の中で決まっている結論に合うようなデータを探したりします。

ただ、そういう要素を少なくすることが、「確証バイアス」を回避する一歩になると、自分への戒めも含め、お伝えしたいと思うのです。

64

ゲインロス効果

――プラスとマイナスの変化量で印象が強くなる

筆者が先に述べた「初頭効果」は、ひと言で言えば、「第一印象が肝心」というものでした。しかし、これに失敗したからといって落ち込む必要はありません。

なぜなら、「ゲインロス効果」という法則も存在するからです。

「ゲインロス効果」とは、「最初にマイナスの印象からスタートすると、後にプラスの印象を受けたときプラスの印象を大きく感じる」というもので、「ゲイン」は「利益（プラスの印象）」、「ロス」は「損失（マイナスの印象）」を指しています。

恋愛関係で言えば、「ギャップ萌え」とか「ツンデレ」がこれに近いかもしれません。

つまり、「ゲインロス効果」とは、「落として上げて心をつかむ方法」と置き換えることができる法則ということになります。

考えてみてください。以下の四つのパターンのうち、もっとも好感度が上がるのはどのパターンでしょうか。

①最初から良いイメージのパターン
②最初から悪いイメージのパターン
③最初は悪いイメージだったのに良くなっていくパターン
④最初は良いイメージだったのに悪くなっていくパターン

これらのうち、②と④は論外として、①と③で考えた場合、①が理想ではありますが、「ゲインロス効果」を実証する実験では、③がもっとも好感度が上がるという結果が出ています。

したがって、「初頭効果」で「相手に好印象を与えることができなかった」と考えている人も、十分、挽回が可能です。

むしろ、第一印象では、「ぶっきらぼうな人」とか「頼りなさそうな人」といった印象を与えておいて、「テキパキとした仕事ぶりを見せる」とか「責任感のある態度をとる」ほうが、印象はずっと良くなる可能性が高いということです。

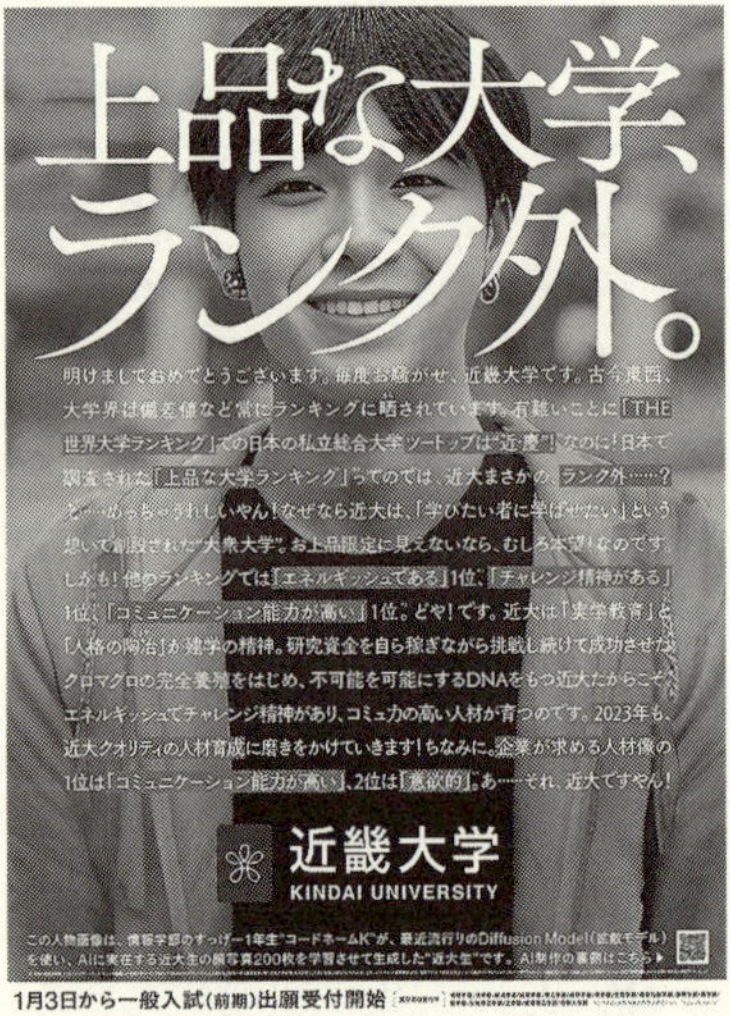

現在、関西で大学教授をしている筆者は、大阪や京都周辺にある大学の入試やキャリア教育に関する取り組みを分析しています。

その中で目に留まったのが、二〇二三年九月、日本新聞協会が発表した「第四三回新聞広告賞」で大賞を獲った近畿大学の新聞広告でした。

「上品な大学、ランク外。」というマイナスイメージのキャッチコピーを最初に大きく見せたあと、本文の中で、実は「『エネルギッシュである』1位、『チャレンジ精神がある』1位、『コミュニケーション能力が高い』1位」と、就活において企業が求めるタイプの人材を輩出しているというプラスのイメージを挙げ、「どや！」と続けています。

パッと見た感じ、「えっ？　下品な大学なの？」と思いますが、後から「近畿大学に入れば、社会に求められる人間になれる」というプラスのイメージが心に残る見事な広告です。

「これは私の勝利ではない。あなたの勝利だ」

「クルマはつくらない、クルマのある人生をつくっている。」

前者は二〇〇八年一一月、アメリカ大統領選挙で勝利したバラク・オバマ氏の演説、後者は前述した輸入車販売大手、ヤナセのコーポレートスローガンです。

どちらも、否定的な言葉の次に肯定する強い言葉が続く「ギャップ法」という手法によるメッセージです
筆者はこれらも、ある種の「ゲインロス効果」だと思います。印象の植えつけ方やほめ方なども同じで、最初はネガティブな要素や否定的な言葉で始めても、次の機会にポジティブな印象やほめ言葉を残せば、それが相手の心に刺さります。

65

ポリアンナ効果

――否定的な言葉より肯定的な言葉で

心理学用語の一つに、「ポリアンナ効果」という言葉があります。否定的（悲観的、後ろ向き）な言葉よりも肯定的（楽観的、前向き）な言葉の方が大きな影響を及ぼすというものです。

現代風にアレンジすれば、SNS上ではネガティブな言葉よりもポジティブな言葉のほうが大きな影響を与えやすい、ということになるでしょうか。

「ポリアンナ効果」は、一九一三年、アメリカの作家、エレナ・ホグマン・ポーターが書いた小説が由来となっています。

主人公の少女、「ポリアンナ」が、苦難や悲劇に遭いながらも、「良いこと探し」をすることによって、明るく前向きに逆境を乗り越えて行くという物語です。

一九六四年、効果について提唱したアメリカの心理学者、チャールズ・E・オスグッドは、

「書かれた言葉では、肯定的で楽観的な言葉の方が人の心を動かしやすい」と説明しています。

もちろん、身の回りで大きな問題が生じているにもかかわらず、良いところしか見ないというのは考えものです。問題の先送りにつながりかねません。

ただ、「ポリアンナ効果」を上手く使えば、男女間だけでなくビジネス面でも、対人関係の円滑化が期待できます。

筆者の場合、六〇歳で定年延長・再雇用問題に直面した際、転職を選択し、大学教授になりました。新しい人間関係と仕事内容は不安でしかありませんでしたが、

「清水先生に来てもらえてありがたいです」

他の教授陣や職員から届くメールの文面を見て、勇気と元気をもらえました。

対象が、気になる異性であっても、職場の同僚であっても、文字として形に残るメールやLINEでは、肯定的で楽観的な言葉を並べるようにしたいものです。

「大丈夫。〇〇さんならきっとできる！」

「いつも応援しています。頑張ってくださいね」

単純なワードではありますが、こんなメッセージが良い人間関係を作るのです。

本音のコラム⑤

ヤマアラシのジレンマ

福岡県久留米市に「全国亭主関白協会」という組織の事務局があります。「亭主は関白。つまり天皇である妻に次ぐ二番目の地位」と主張するユニークな組織です。組織の会長、天野周一氏をラジオ番組にお招きした際、語ってくれた言葉が、「(妻には) 勝たない、勝てない、勝ちたくない」

という、「非核三原則」ならぬ「非勝《ひかつ》三原則」です。今や三組に一組が離婚する時代、男性である筆者からすれば、寛容な心こそ夫婦円満の秘訣と感じたものです。

ここで思い出したのが、心理学で言う「ヤマアラシのジレンマ」です。

寒い冬のある日、二匹のヤマアラシが凍えないように体を寄せ合うと、互いにトゲが痛くなって離れてしまいます。寒さに耐え切れず、再び寄り添いますが、痛いのでまた離れてしまいます。この繰り返しの中で、ヤマアラシは、お互いが傷つけ合わず、ほどほどに温め合うことのできる距離を見つけるという、ドイツの哲学者、ショーペンハウエルの寓話です。

夫婦や恋人とはいえ別個の人間です。同じ方向さえ向いていれば、相手の欠点は寛容に受け止め、お互いを思いやり、競うよりも高め合う関係でありたいものです。

第六章 子どもと自分を伸ばす法則

66

ハイパー・メリトクラシー

——試験の点数ではなく総合力が問われる時代

本書を手にされている方の多くは、子育て世代と推察します。筆者はこれまで、子育てや受験に関する著書も多く出してきましたので、本章では、子どもを伸ばすための法則について触れたいと思います。

二〇一五年一月、私立大学の医学部では最難関の一つに挙げられる順天堂大学医学部の入試で、「えっ」と思う問題が出題されたことがあります。

「キングス・クロス駅の写真です。あなたの感じるところを八〇〇字以内で述べなさい」

次頁の写真を見てください。

イギリス・ロンドンにあるターミナル駅の一つ、キングス・クロス駅の薄暗い構内の階段

出典 Marco Pesaresi “UNDERGROUND: travels on the global metro”

を上る長いコートを着た男性の後ろ姿が描かれています。

そして、階段の下の方には色鮮やかな「赤い風船」が二個、手すりに結び付けられ浮かんでいます。

同大学の医学部は、以前から写真を見せ、八〇〇字以内で論述させる問題を出題し、大学受験関係者の間で話題となってきましたが、「キングス・クロス駅」の問題も、一枚の写真を材料に論述させることで、医師になるのに必要な観察眼と推察力を測る狙いがあったと受け止めています。

この問題の正解は一つではありません。

後ろ姿の男性が今どこに向かおうとしているのか、その目的が何なのか、そして、二つの「赤い風船」は何を意味しているのか、自由に解釈することができます。男性を入院前の後期高齢者ととらえることもできれば、二つの「赤い風船」を、高齢者を支える社会福祉制度の象徴と位置づけたりすることも可能です。

そこには、何が正解かの明確な線引きはありませんが、医学を学ぶにふさわしい受験生かどうかを判断するうえでは良問と言っていいと思います。

では、もう一つ、この問題はどうでしょうか。

「じゃんけんの選択肢『グー』『チョキ』『パー』に、『キュー』という選択肢も加えた新しいゲームを考案しなさい。解答は、新ゲームの目的およびルールを説明するとともに、その新ゲームの魅力あるいは難点も含めて、六〇一字以上一〇〇〇字以内で論じなさい」

二〇一八年、早稲田大学スポーツ科学部の一般入試で出された問題です。「早稲田に合格できるだけの基礎学力があり、スポーツに興味がある」というだけの受験生では太刀打ちできない問題です。

この問題にも、試験の点数や偏差値だけでは測れない発想力や、問題の指示に従いながら新ゲームについて説明する表現力があるかどうかを測ろうとする、大学側の意図が読み取れます。

これらは、いずれも私立大学で出された問題ですが、最近の大学入試では、文系・理系を問わず、国公立大学の二次試験などでも、この類の問題が増えています。

教育学者で東京大学教授の本田由紀氏は、こうした動きを、著書『多元化する「能力」と日本社会――ハイパー・メリトクラシー化のなかで』で、「ハイパー・メリトクラシー」と名づけました。

点数や偏差値といったわかりやすい成果が問われる「メリトクラシー」（能力主義）を超えて、「人間としての総合力」などといった抽象的な概念で表現される超能力主義へと移行しているというわけです。

筆者も日々、学生と接している中で、一定の読み書き計算能力に加えて、「思考力」「表現力」「判断力」といった点数に表しにくい学力、さらには「多様性」や「協働性」といった能力が重要であると感じます。

「ハイパー・メリトクラシー」は、中学や高校入試にも影響を与えているほか、職場の人事評価などにも浸透しています。年功序列から能力主義、能力主義から超能力主義へと様変わりしていることに、まず注目していただけたらと思います。

67

ピグマリオン効果

――子どもの成長は期待しだい

子どもを伸ばすという視点から、しばしば用いられる教育心理学の用語に、有名な「ピグマリオン効果」があります。

アメリカの教育心理学者、ロバート・ローゼンタールによって提唱された心理的行動の一つで、人は、第三者から期待されると、期待に沿った成果を出す傾向にあるという現象を指します。

「将来、○○になりたい？　そんなの無理に決まっているじゃない？」

などといった声がけはアウト。「センスがあるから、なれるかもしれないよ」といった期待感を込めた声がけのほうが、子どもは確実に伸びます。

筆者が勤務している大学は、「西の日本体育大学」と言われるようなスポーツ系の大学で、運動能力に秀でている学生が多い反面、基礎学力はもう一つという学生がいるのも事実です。

しかし、あるとき私は次のように声をかけました。

「サッカーで一点を取る集中力、みんなすごいよ。大事な場面で確実にバントを決めるための努力もすごい。それは東大生も京大生もほとんどが持ち合わせていない能力だ」

「これから始まる就職活動も、そこを強調して戦おう。最初から大手企業は無理だと諦めるな。試合と同じように勝つ気で準備すれば絶対に勝てるから」

そうすると、二〇〇人近い学生がいる教室で、スタンディングオベーションが起きました。

学生曰く、「親や高校の先生と違って期待してくれたから」だそうです。

ビジネスの世界でも「ピグマリオン効果」は活用できます。あなたからの「期待」が、部下やスタッフのやる気を促すからです。要点をまとめておきます。

「ピグマリオン効果」を活用する方法

- 肯定的な態度で接する＝「君なら大丈夫」というシグナルを送る。
- 結果だけでなく過程も評価する＝努力してきたプロセスを評価する。
- 任せたら余計な口出しをしない＝事あるごとに口を挟まず、ヒントを出す程度に。
- 大きな期待をかけすぎない＝重圧になるような過度な期待はしない。

自分に対する満足度（自己肯定感）調査

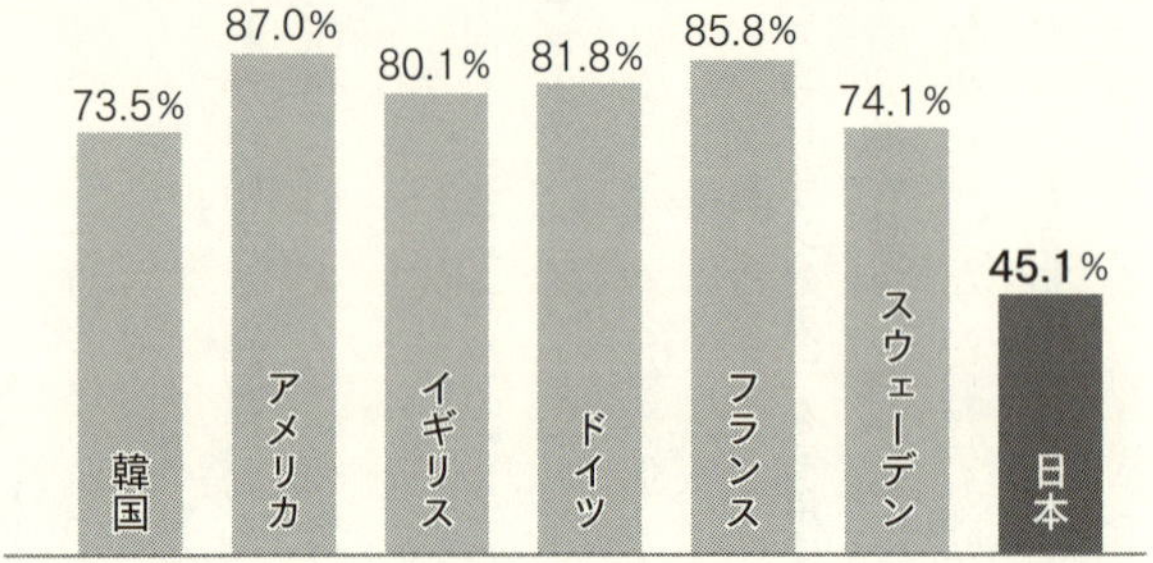

上の図は、内閣府がまとめた「子供・若者白書」（令和元年版）での自己肯定感に関する調査結果です。

調査対象は一三歳から二九歳までの若者ですが、日本の若者の自己肯定感が、諸外国に比べ低いことがわかります。

筆者は、子育てのゴールは「○○大学に合格させる」ことではなく、自己肯定感を植えつけ、社会に出て自分の力で活躍できるようにすることだと考えています。

自己肯定感が低いと自立に影響が出ます。社会人になっても、その意識が続きますから、転職や起業、あるいは定年後の第二の人生のキャリアデザインにも影響が及びかねません。

「ピグマリオン効果」は、自己肯定感を高めるツールとしても使えそうです。

68 マシュマロの法則
――自制心が強い子は成功する

自己肯定感のほかに子どもに持たせたいものの一つが自制心です。その自制心の重要性を立証した法則が「マシュマロの法則」です。

これは、自制心が強い子どもほど、後に成功するという法則で、アメリカのスタンフォード大学で行われた実験が有名です。

四歳の子ども一八六人を対象にした実験で、たとえば、机の上の皿にマシュマロ一個を載せ、「一五分間、食べるのを我慢したら、もう一個、マシュマロをあげる、一五分経っていないのに食べてしまったら二つ目はないよ」

先生はこのように言って部屋を出ます。

子どもたちのうち、指示どおり、一五分間マシュマロを食べなかった子どもの割合は三分の一で、その子たちの約一〇年後のＳＡＴ（アメリカの大学進学適正試験）のスコアは、一五分以内に食べてしまった子どもたちのスコアよりも高く、さらに十数年後に実施した追跡調査でも、社会的な成功度が高かったというものです。

自制心とは、言うまでもなく、自分の感情や欲望を抑えようとする心です。言い換えるなら、自分自身をコントロールする力です。

子どもであれ、大人であれ、自制心が働く人は、衝動的な言動がなくなり良好な人間関係を築くことができるうえに、「遊びたい」とか「怠けたい」という誘惑を抑え、学習や仕事に集中できますから、学習成績や仕事で成果が出やすいのは当然です。

筆者は、以前、開成中や女子学院中など首都圏の難関中学合格者二〇〇人を追跡調査したことがあります。

受験で成功した子どもたちには、「毎日、当たり前のことを当たり前にこなす」という共通項があり、地道な努力を支えていたのが、合格という目標に向け、「ゲームをしたい」や「きょうはサボりたい」という気持ちをはねのけた自制心だと実感させられたものです。

また、報道チーフプロデューサーという仕事柄、オリンピックでメダルを獲るようなトップアスリートへの取材もしてきましたが、ここでも自制心の強いアスリートが「ケガやスランプの時期を乗り越えて表彰台に上がるのだな」と感じてきました。

では、その自制心を子どもに植えつけるにはどうすればいいのでしょうか。

家庭で、子どもの自制心を育てるコツ

・親子の信頼関係を築く
子どものありのままの姿を受け入れること、親がズルをしないことが大事。
・ルールを作る
自分自身との約束、もしくは親子間でルールという仕組みを作る。
・ルールを守った場合と破った場合の損得を認識させる
受験の合否や試合での結果、自分との戦いの勝敗の先にある未来を想像させる。
・多様性や協働性を重視する
他人の言動はコントロールできないことを教え、自分が変わること、他人の気持ちになって考えること、周りと一緒にやっていくことの大切さを教える。

これらは、難関中学合格者の保護者への取材結果からまとめたものですが、筆者ら保護者の世代にとっても、社会で活躍していくために必要な要素のように感じます。

69 ドレイゼンの復元力の法則
――子どもにはどんどん失敗させよう

「人は失敗や挫折を経験しても、その経験から学ぶことで、前よりも強く、より回復力のある人間になれる」

一九六〇年代にイギリスの心理学者、ジョン・ドレイゼンによって提唱された「ドレイゼンの復元力の法則」を紹介します。

筆者が教育問題を取材する中で感じてきたのは、「カーリング育児」が増えてきたという思いです。

ご存じのように、カーリングは、投げたストーンが氷の上をスムーズに進むよう「先回り」し、ブラシでゴシゴシとリンク表面をこするスポーツです。

それと同じように、子どもが失敗しないよう、道を外れないよう、先に先に手を打とうとする過干渉の保護者が多すぎるというのが正直な感想です。

「ドレイゼンの復元力の法則」は、もとはと言えば、「おかしくなった状況を復元するための時間は、おかしくなるまでの時間に反比例する」という法則ですが、ドレイゼンは、動物実験を通じ、「失敗した動物は試行錯誤を繰り返し、失敗や挫折を回避する方法を習得し、成功する方法を学ぶ」という結果も示しています。

この結果は、ビジネスやスポーツ、子育てなどさまざまな分野で応用されています。

子育てで言えば、子どもにはどんどん失敗させ、焦らず時間をかけて「成功した」という実体験を味わわせるのと同時に、タフな精神力を養うことが重要です。

そのためには、保護者は「カーリング育児」になっていないかチェックし、子どもが失敗しないよう「先回り」する管理型子育てから、失敗から立ち上がろうとしている子どもをサポートする支援型子育てに転換すべきです。

これは、職場で部下やチームのスタッフを育てる際にも有効です。

「どんどん失敗して、失敗から学べばいいんだよ」

などと言いながら、実際には、「失敗されては困る」と手助けをしたり、挑戦できない空気を作り出したりしている職場もありますが、予測されるトラブルへの対策は講じながらも、任せてやらせてみる姿勢が部下らの成長につながります。

70

カラーバス効果

——自分が見たいものだけ見える

先に筆者は、人は、多くの音の中から、自分に関連する、あるいは自分が必要としている情報を無意識のうちに選択し認識しているという「カクテルパーティー効果」について述べました。

それに似た法則で、子育てに活用できそうな法則に「カラーバス効果」があります。

「カラーバス効果」とは、特定のことを意識し始めると、日常の中でそのことに関する情報が自然と目に留まるようになる現象のことです。

カラーはまさに「color」（色）ですが、バスは「bath」（浴びる）の意味で、「本人が見たいものが優先的に目に入ってしまう」とも言い換えられます。

あるスニーカーが欲しくなると、街で人が履いている似たようなスニーカーに目が行き、スポーツの試合で対戦相手が強豪校の場合、相手チームの選手のユニフォームが強そうに見え、選手たちの仕草までもが大きく見えてしまうのは、「カラーバス効果」によるものと言っていいでしょう。
「カラーバス効果」を子育てに応用する場合、メリットとデメリットがあります。

「カラーバス効果」のメリットとデメリット

・メリット
受験やスポーツ大会など、常時「そのこと」を忘れないようにしておけば、子どもは「最優先事項」と認識し、さまざまな情報を集めるようになる。
・デメリット
街を歩いていても「受験」や「予備校」の文字が目に留まり、息抜きできない、志望校の難易度の高さや対戦相手の強そうな部分だけが印象に残る。

ビジネスの世界でも、「常にアンテナを立てておけば、ヒントが見つかる」という点で「カラーバス効果」は有効なのですが、適度な息抜きを忘れないことと、必要以上に相手を手強いと感じてしまわないことが大切です。

71 ヤーキーズ・ドットソンの法則
――ストレスが適度にあるときにやる気が高くなる

普段、家庭では子どもに、職場では部下に、どのように接しているでしょうか。「あれをやりなさい」「次はここまで成績を上げなさい」と管理し過ぎていては、相手はプレッシャーを感じます。

かと言って、子ども任せ、部下任せで放任していては、成長が望めないケースもあります。

そういうとき、ヒントになるのが「ヤーキーズ・ドットソンの法則」です。この法則は、「高過ぎず低過ぎない適度な緊張状態（ストレス）のとき、人は最適なパフォーマンスを発揮できる」とする法則で、一九〇八年、アメリカの心理学者、ロバート・ヤーキーズとJ・D・ドットソンの実験で明らかになったものです。

たとえば、子どもに簡単な文章題や計算問題をやらせると、それほどストレスを感じることなく解いていきますが、毎日、同じレベルの問題ばかりだと飽きてきます。

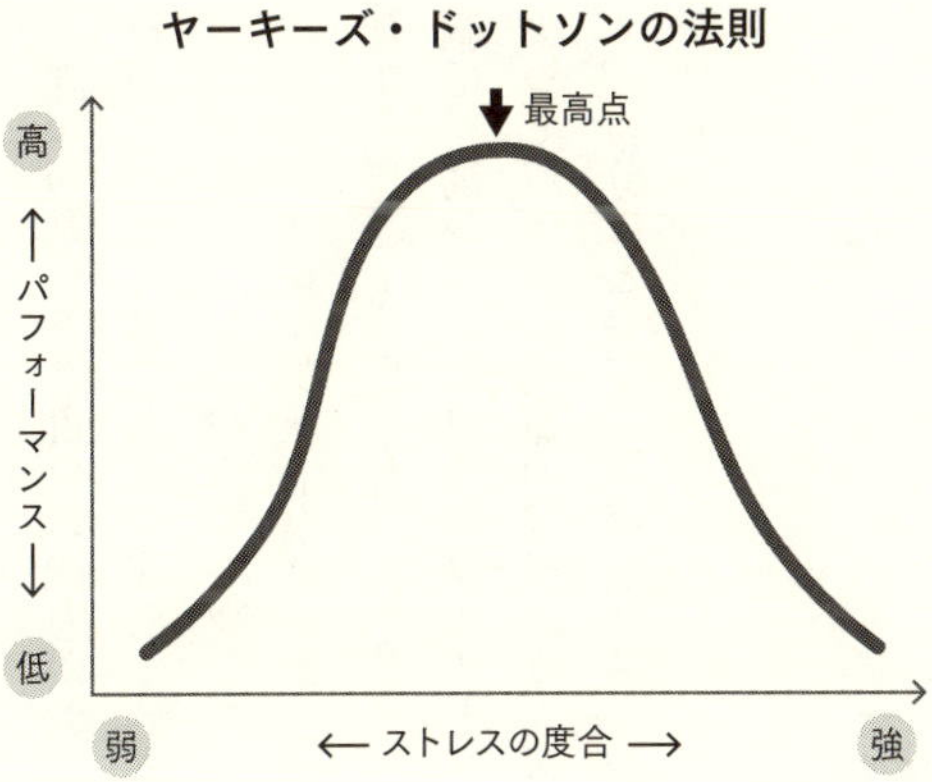

筆者の場合、若いディレクターに、過度な負担をかけまいと単純作業ばかりやらせた時期がありますが、しだいに作業効率が落ち、部下の顕著な成長も見られませんでした。

上の図は、「ヤーキーズ・ドットソンの法則」に基づくストレスとパフォーマンスの関係をグラフ化したものです。

ストレスは弱くても強くてもパフォーマンスが悪くなる反面、適度なストレスがあるほうが高くなることがわかります。

近年、大学や企業で学生や勤労者を対象にした「ストレスチェック」の機会が増えているのは、心の健康という観点に加え、高いパフォーマンスを発揮してほしいとの思いがあるからです。東京富士大学・大学院の「学生相談室だより」に、上の図の解説とも言える一文が掲載されていましたので抜粋してみましょう。

「課題の難しさと自分の能力が釣り合ったところが最高点ということです。問題や課題が簡単過ぎると、私たちは退屈して飽きてしまい『やる気』がなくなります。学業に限らず、スポーツなどでも多少のプレッシャーがあった方が、集中できて良い成績が得られることがあります。プレッシャーがワーキングメモリー（前頭前野に一時保存された新しい情報を同時処理する機能）を活性させて頭が冴えたりします。〈中略〉強いストレス状況下にある私たちの脳は、高レベルのコルチゾールとノルアドレナリンなどのホルモンが分泌されます。それによって、学習や記憶の神経メカニズムがスムーズに働かなくなってしまうと考えられています。自分にとって『適度な』ストレスを考えるためには、自分のストレス度を知ることが大事です」

こうした点から考えると、子どもの学習効率や部下の生産性をアップさせるには、簡単過ぎず難し過ぎない、少し難しめの課題を与え、それをクリアしたらまた与えるというやり方が望ましいということになります。

72

カリギュラ効果

――禁止されるほどやってみたくなる

「○○をしちゃダメ」

「△△は絶対に見ないでください」

　このように、行動が禁止されたり、情報が隠されたりすると、逆にそれをしたくなったり見たくなったりすることがあります。行動心理学の法則で、「カリギュラ効果」と言います。

　振り返れば、これまでに出した拙著の中で、望外にもベストセラーとなった『頭のいい子が育つパパの習慣』の帯の文章も、この効果を利用したものでした。

「子育てを終えたパパは読まないでください。後悔しますから。」

　この一文のおかげで四〇万部を売り上げたのですから、当時の編集者の狙いは的中したことになります。

　この「カリギュラ効果」は昔から利用されていて、童話で言えば、「絶対に開けないでください」と言われたのに玉手箱を開けてしまう『浦島太郎』、そして、「決して覗かないでください」と念を押されたのに覗いてしまう『鶴の恩返し』は、「カリギュラ効果」そのものです。

ただ、この効果を上手く利用すれば、実生活を良い方向へと導くことができます。

子育て

- 保護者が、子どものゲームやスマホ利用を全面禁止にすると、隠れて使いたくなるので、「一日一時間まで」「土曜日は使い放題」など、子どもも合意のうえで緩やかなルールを作る。
- 禁止用語を止め、「廊下を走るな」→「廊下は歩こう」、「忘れ物をするな」→「明日は持って行こうね」などに言い換える。
- 「〇〇高校（大学）にしなさい」などと保護者が進路を主導してしまうと、子どもは反発するので、ある程度まで子どもの意思に任せ、保護者はアドバイザー的な位置を守る。
- 「あんな大学はダメだ」「あんな子と付き合っちゃダメ」といった保護者側からの禁止言葉は大半が過去の価値観。何かを制限するなら、今の時代の子どもに合っているかどうかを考えてから言葉を発するよう心がける。

ビジネス

- 「会員限定」「きょうだけ」「お一人さま一本まで」「クリックしないでください」などのワードが消費者の関心を煽るので、商品販売の際は期間や数量、購入資格を限定してみたり、「あなただけ」感を演出してみたりする。
- 厳し過ぎるノルマは、かえって職場の空気を悪くさせるため、やろうと思えば乗り越えられるノルマにしたり、働き方改革に合わせ「ノー残業デー」などを設けたりする。
- 「これは少しハードルが高いかもしれないけど」「簡単には行かないと思うけど」と、ひと言付けて部下に仕事をふれば、部下は逆「カリギュラ効果」で、「よし、やってやる」という気持ちになりやすい。

いずれも、人が持つ好奇心や欲求にあえて制御をかけ、それを覆そうとする心理を利用するという手法です。試してみる価値はあると思います。

73 権威への服従原理
――保護者より学校、学校より塾を信頼

A「健康マニアがおすすめするダイエット方法」
B「東京大学医学部教授がおすすめするダイエット方法」
皆さんは、AとB、どちらが効果がありそうだと感じますか？　多くの方が「B」と答えるのではないでしょうか。

なぜなら、人は権力や肩書、地位のある人間の命令やすすめに従いやすい傾向があるからです。これを社会心理学では「権威への服従原理」、もしくは、服従する心理を実験で証明したアメリカの心理学者の名前から「ミルグラム効果」と呼びます。

権力や肩書などを意識しているつもりはない人でも、無意識のうちに従ってしまうのが「権威への服従原理」の特徴です。

たとえば、放送局で番組制作全般の責任者にあたる編成局長と、一つのワイド番組の責任

者にすぎない筆者とでクライアントとの打合せに出かけた場合、クライアントは、名刺を見たあとで編成局長に対して説明を始めます。編成局長とは肩書だけで、番組制作の経験が皆無であったとしても、です。

同じように、国会や中央省庁での取材では、記者会見の場に、大臣と、長年、政策立案にたずさわってきた職員が出てきた場合、記者からの質問は大臣に集中します。大臣など、一年か二年で交代になるにもかかわらず、です。

いずれも、どこかで「権威への服従原理」が働いているからです。

子育てで言えば、筆者がこれまで取材してきた限りでは、成績向上や進路について考える際、子どもは、親より学校の先生、学校の先生よりも進学塾や予備校の先生のアドバイスを信頼する傾向があります。

子どもの中で、知らず知らずのうちに、「両親→学校教員→受験の専門家である塾の先生」という格付けがされているためです。

ただ、教育ジャーナリストとしての立場から言えば、それが間違っているケースも多々あります。

子どもの性格、志向、長所をもっとも理解しているのは、ほかならぬ保護者、お父さんやお母さんです。

これに対し、学校の先生は、とにかく無難に送り出そうとします。中学や高校受験では「志望校のランクを下げろ」、大学受験においては、特に公立の進学校の場合、国公立大学合格者数を競っているため、「私立大学はやめておけ」と指導したりします。

塾の先生も、トップ層の受講生には親身に相談に乗る反面、中堅以下のいわゆる「お客さん」的な受講生への対応は、有名進学塾に子どもを通わせている保護者の言葉を借りれば、「芋を洗うよう」な扱いです。

そうなると保護者の出番です。子どもの中での権威の格付けでは下でも、子どもと一緒に対策を練れば、あるいは、著名な専門家の話を受験雑誌や進学説明会などで見聞きすれば、「今どきの受験」への知識が増え、子どもの良き相談役になれます。

職場においては、どうしても職位の高低で「権威への服従原理」は生じてしまいます。しかし、それは表向きのことです。実績がある人であれば、万年課長であれ主任のままであれ、部下やスタッフはついてきます。

逆に、実績は乏しいのに世渡りだけが上手で出世した人は、部下らを服従させることはできてもリスペクトされることはありません。

74

エビングハウスの忘却曲線

――人はすぐ忘れる

「予習と復習、どちらが大切か？」

このように問われたら、筆者は「復習」と答えます。教授をしている大学や非常勤講師として教壇に上がっている大学でも、学生に「予習は要らない、復習はマスト」と指導しています。

なぜなら、人は覚えたこと、インプットした知識をすぐに忘れてしまうからです。

ドイツの心理学者、ヘルマン・エビングハウスが発見した有名な法則に、「エビングハウスの忘却曲線」があります。

「人は、覚えたことを、一日後には七四％、一週間後には七七％、一か月後には七九％忘れてしまう」

という法則で、反復して学ぶことの重要性がわかるものです。

エビングハウスの忘却曲線

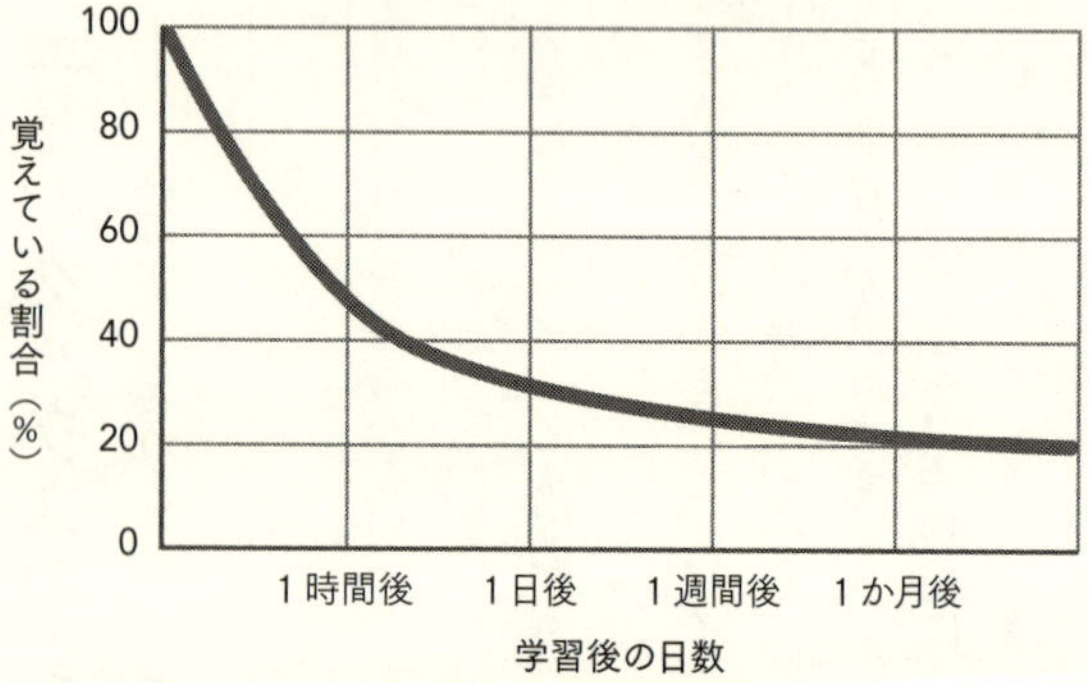

この法則をめぐっては、「興味や関心がある分野の忘却率は、そこまで低くない」など、さまざまな解釈の仕方がありますが、学んだことは、できるだけ時間を空けず、復習したほうが忘れにくいことは確かです。

職場でも、新しいことを学んだ場合、すぐに反復してみる、そして学んだことを誰かに伝えてみるなどすれば、記憶が定着するほか、「うろ覚え」の部分を再認識できます。

特に苦手な分野は、復習を後回しにすればするほど記憶の回復に時間がかかります。

部下に新たな仕事をさせた場合、もう一度、似たような作業をさせる、研修を受けさせた場合も、早めに感想などのレポートを課すことが大事になります。

75
ツァイガルニク効果
——中断や失敗が印象に残りやすい

テレビの情報バラエティ番組で、ＣＭの直前に「六〇秒後に衝撃の事実が！」などといったテロップが流されると、ながら見をしていた番組であっても、その続きが見たくなります。

「続きは、お知らせの後で」

ラジオ番組でキャスターを務めていた時代、筆者もよく使っていたフレーズですが、これは「ツァイガルニク効果」を狙ったものです。

「ツァイガルニク効果」とは、一九二七年、当時のソビエト連邦の心理学者、ブルーマ・ツァイガルニクによって実験が行われ、ドイツの心理学者らとともに提唱されたもので、達成できた出来事よりも達成できなかった出来事や中断した出来事のほうがより強い記憶や印象を残す心理現象を指します。

自分が担当している仕事を粛々とこなしていると、最優先で処理しなければならない案件が回ってきて、それまでやっていた仕事を中断せざるを得ないときなど、中断してしまった仕事が気になる……。そんな心理現象のことです。

これを子育てに応用してみましょう。

子どもは、大人に比べれば、色々なことに目移りしがちですが、「キリがいいところで終えたい」という気持ちも持っています。

それを利用して、家庭学習の際、調子が出てきたところで止めてみるのです。そうすると、子どもは、「この問題を解くまで続けたい」とか「この単元が終わるまでやりたい」という気持ちにかられます。これを「内発的動機づけ」と言います。

お父さんかお母さん、保護者と子どもとで夏休みの自由研究をしたり、何かを作ったりしているなら、一日で終わらせず、翌日に延期するとか週をまたぐなどして、「早くやりたい」という気持ちを起こさせるようにしてみましょう。

高校受験や大学受験に関する話し合い、学校説明会やオープンキャンパスなどへの参加も、一気に片づけようとせず、何かの部分を未完了にしておくと、子どもは未完了の部分が気になり、「話の続きをしたい」「本命校を見てみたい」という気持ちになりやすくなります。

では、ビジネスでの応用はどうでしょうか。いくつかまとめておきます。

「ツァイガルニク効果」を職場で応用する方法

・関心を後に引っ張る
企画案を提出する際、全容を明らかにせず、「詳細は来週のミーティングで」と引っ張ることで、部内やチーム内での関心を高める。
・気になるところを作って、再度の来社につなげる
新商品開発の発表や学生を対象にした企業説明会などの際、「詳しくは、次回、現場の担当者が説明します」と、あえて「終わっていない」状況を作り出す。
・情報の一部を無料提供する
大手新聞社のネット記事が一部だけが見られ、核となる部分は有料記事になっているように、情報の一部だけ無料で提供する。
・対外発表を未完了の状態にする
「続きはWｅｂで」と誘導したり、「たった三つの方法とは？　詳しくは当社ホームページで」などと公表したりして、知りたい気持ちを喚起させる。

76

レス・イズ・モアの法則

——多さではなく少なさで豊かな生活を作っていく

「レス・イズ・モア」を英語で表記すると「Less is more」です。

文字どおり、少なくすれば多くなる、つまり、物事はシンプルにしたり少なくしたりすることで、本当に大切なことや必要なことに集中できるようになるという意味で、アメリカではよく使われている人生訓の一つです。

子育てに関して言えば、「中学受験に失敗した」や「大学入試が迫っているのに志望校が絞り込めない」などといった家庭にありがちなのが、「あれもこれも」という姿勢です。

小学生時代までは「あれもこれも」のオールラウンダー式でよかったとしても、中学↓高校↓大学と成長するにつれて、子ども自身も、そして子どもを見守る保護者も、「あれかこれか」に考え方を変える必要があります。

どこかのタイミングで、子どもの得意なことや好きなこと、長くやっていけそうなことに、親子間の対話で絞り込んでいく作業が必須になります。

筆者ら大人もそうですが、子どもも年を重ねるほど、可能性が失われていきます。たとえば、高校生の子どもが、現在のゼロの状態から何かの競技でオリンピック選手レベルになることはまずありませんし、理科系科目が苦手な子どもが、医師や科学者になる可能性もほぼないといっていいでしょう。

つまり、さまざまな選択肢を、子どもの個性や長所に合わせて少なくしていくことが、残された道で人生を切り拓いていく契機、もっと言えば、人生を豊かにする入り口になります。

大学入試一つをとっても、国公立か私立か、また、それを「一般入試」で受験するのか、旧AO入試である「総合型選抜入試」でチャレンジするのか、あるいは、「指定校推薦」や「学校推薦型入試」で受けるのかによって対策は異なり、早期に絞り込んだほうが合格率は高まります。

「レス・イズ・モア」が当てはまるのは、四〇代や五〇代の大人も同じです。

二〇代や三〇代の頃は、職場で、何でも無難にこなせるゼネラリストになることが求められていたかもしれません。

しかし、働き方改革や少子化などの影響で、七〇歳まで働かなくてはいけない時代が到来している現代社会においては、「何でも無難にこなせるゼネラリスト」よりも「○○の分野のスペシャリスト」というほうが、断然、需要はあります。

筆者の経験則から申し上げても、子どもの頃から「得意だね」と言われてきた「人前で話すこと」と「文章を書くこと」の二つだけを特に磨いてきたことが、今の立場を作ったと思っています。

「レス・イズ・モアの法則」は、「断捨離」にも似て、モノの整理や片づけ、シンプルなスケジュール管理などにも使われる法則です。

どちらも「捨てる」や「減らす」が目的なのではなく、大切なモノや大事なことを選びとるという考え方です。

子育てや自分磨きでも、「あれもこれも」から「あれかこれか」に選択肢を少なくする、言い古された言葉で言えば、「選択と集中」が大切だということです。

77
限界効用逓減《ていげん》の法則
——満足度が減少していくことに耐えられるか

筆者はお酒を飲まないので実感としては乏しいのですが、仕事終わりの一杯目のビールは格別という方は多いのではないでしょうか。

しかし、二杯目、三杯目と飲んでいくうちに、美味しいと思う感覚が減少し、「一杯目のうまさは超えられない」という実感を持たれた方も多いと思います。

この現象を、ミクロ経済学では「限界効用逓減の法則」といいます。

一定期間に消費される財の数量が増加するにつれ、その追加分から得られる満足度はしだいに減少するという法則で、「ゴッセンの第一法則」とも呼ばれています。

子育てで言えば、子どもが模擬試験を受け、志望校の合格判定で、可能性の高さを示す「A」判定をもらい、歓喜したお父さんやお母さんも、次の模擬試験で同じ「A」をもらってきたとしても、その喜びは一回目ほどではありません。

限界効用逓減の法則

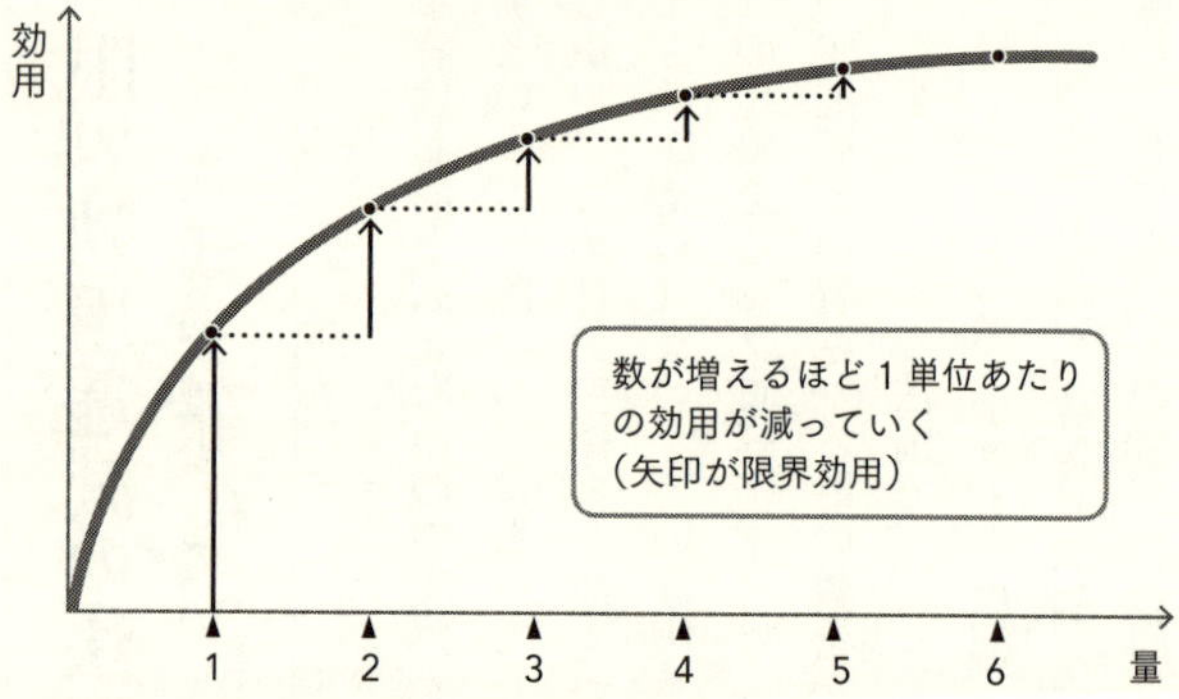

「Ａ」判定が当たり前になる中、次の模擬試験で「Ｂ」判定をとろうものなら、「もっと頑張らせないと……」と考えたりするようになってしまいます。

上の図は、「限界効用逓減の法則」を表したものですが、一杯目のビールにしても最初に口に入れた焼き肉にしても、そして子どもが勉強やスポーツなどで出した成果にしても、回数が増えるほど、一回当たりの満足度が減ってしまうのです。

それは、子ども本人も同じで、模擬試験で「Ａ」判定をとることが常態化すれば、子ども自身の感覚が麻痺し、それが慢心にもつながっていきます。

そのためには、保護者であるお父さんやお母さんが、連続して「Ａ」判定をとった努力をほめ、前よりも数学の成績が伸びたことなど、良くなった点を評価したうえで、「今度は、一つランクが上の大学でどうなるか見てみない？」など、実現できそうな目標を提案してあげることが大切です。

それは、職場でも同じです。

重要なプロジェクトを初めて成功させたときは、周りから拍手喝采を受けますが、二回目以降は、しだいに減ってきます。「できて当たり前」になってくるからです。

そうなると、「何だ？　誰もほめてくれないのか」という思いになります。あなたが上司なら、「前よりも○○の部分が良くなったね」などと具体的に評価してあげること、そして、さらにどうすれば新規性が打ち出せるかを一緒に考えたりすることが大事になります。

筆者のこれまでのキャリアで言えば、最初は「本が出せただけで感動」だったのが、五○冊以上出すうちに薄れていきます。「講演の講師に呼ばれるだけで幸せ」と感じたことも、だんだんと感じなくなってきます。

そんな中、ほんの少しだけ高めのハードルを自分に課す、仕事の仕方を変えてみる、新しい分野に挑戦してみるなどすれば、達成したときの満足感を維持できます。

本音のコラム⑥

「七〇歳定年」というまやかし

近頃、定年を六五歳まで延ばす企業が増えました。ゆくゆくは七〇歳定年にシフトしていくのは間違いありません。

ただ、六〇歳から六五歳の五年間は、あくまで定年延長の契約雇用で、筆者の前職もそうですが、給与は良くて半額、場合によっては三分の一以下に激減する企業がほとんどです。さまざまな企業で延長組に話を聞けば、「給与が減ったことも死活問題だが、もう重要な仕事を任せてもらえないのが苦痛」という声が聞かれます。

筆者も、かつての部下に「もうあんまり働かないでくださいね」などと言われ、能力ではなく年齢で切られる現実に意気消沈したものです。

ここ数年、政府が主導してきた「人生一〇〇年時代を豊かに」などといったスローガンはまやかしです。現役時代にお金を貯めて運用し、のんびり生きると決めるか、現役時代からセカンドキャリアへの準備を進め、元気に七〇歳まで働くしかないというのが現実です。

筆者は大学で学生にもこの話をしています。高校生や大学生の子どもを持つ保護者の方も、高齢社会ニッポンの現実を伝え、一緒に進路を考えることをおすすめします。

おわりに

筆者が前職である在京放送局に入社した頃、パソコンやスマートフォンは存在しませんでした。手でニュース原稿を書き、調べものは書籍や新聞の切り抜きなどで行ってきました。今は隔世の感があります。

本書を手にされている皆さんも、社会に出た頃、ＡＩの登場と浸透など、予想だにしなかったという方も多いのではないでしょうか。

「はじめに」でも述べましたが、生成ＡＩの浸透は、世の中を劇的に変えていきます。もう一つ、特筆すべきは、深刻な少子化です。日本では、今後五〇年の間に、四〇〇〇万人くらい、人口が減るとされています。これはカナダ一国分に相当する数です。

ＡＩがそこかしこで使われ、毎年、佐賀県一県分に匹敵する数の人口が失われている日本においては、もうすぐ、あなたの机の隣に座る同僚はロボット、あるいは外国人労働者になるかもしれません。

そういう時代だからこそ、心に留め置いてほしい法則と実用例を本編では書き綴ってきました。

時代を超えて現代まで受け継がれてきた不変の法則を大事にしながら、私たちの個々の生活や考え方は、徐々にパラダイムシフトを図る時期に来ているように感じます。

これからに必要なパラダイムシフト

- 効率重視 → 質重視
- 会社や会社仲間が中心 → 自分や会社以外のつながりが中心
- ゴール（目標）を目指す → ゴール（目標）から考える
- 仲間と協働する → ＡＩや外国人労働者と共生する
- 子どもの学力を伸ばす → 子どもの総合力を伸ばす
- 一人で頑張る → 誰かの力を借りて楽にする

最後に、本書執筆の機会を与えていただいた中央公論新社の金澤智之さんに心から感謝申し上げ、結びとします。

参考文献・資料

稲盛和夫『稲盛和夫　魂の言葉108』宝島社、二〇一八
植木理恵『幸運を引き寄せる行動心理学入門』宝島社、二〇一七
臼井由妃『55歳からやりたいことを全部やる！時間術』日本経済新聞出版、二〇二三
川上徹也『独裁者の最強スピーチ術』星海社新書、二〇一二
清水克彦『ひねり出す時間術――30分ジグザグ仕事術』角川書店、二〇〇七
竹内一郎『人は見た目が9割』新潮新書、二〇〇五
東京富士大学／東京富士大学大学院「学生相談室だよりNo.35」二〇一五年三月一七日
西脇文彦「不毛な会議にしないための『7の法則』」『PRESIDENT Online』二〇一八年五月六日
長谷川英祐『働かないアリに意義がある』メディアファクトリー新書、二〇一〇
早坂隆『世界の日本人ジョーク集』中公新書ラクレ、二〇〇六
本田由紀『多元化する「能力」と日本社会――ハイパー・メリトクラシー化のなかで』ＮＴＴ出版、二〇〇五
真壁昭夫『行動経済学入門――基礎から応用までまるわかり』ダイヤモンド社、二〇一〇
松田憲「単純接触効果となつかしさ感情」『心理学評論』2021, Vol. 64, No. 1, pp.29–46

三木谷浩史『成功のコンセプト』幻冬舎文庫、二〇〇九
和田秀樹『もう怒らないレッスン』幻冬舎文庫、二〇一七
シーナ・アイエンガー『選択の科学――選ぶことこそ力につながる』櫻井祐子訳、文藝春秋、二〇一〇
D・カーネギー『人を動かす（文庫版）』山口博訳、創元社、二〇一六
ナオミ・クライン『ショック・ドクトリン――惨事便乗型資本主義の正体を暴く（上）』幾島幸子・村上由見子訳、岩波書店、二〇一一
マルコム・グラッドウェル『天才！ 成功する人々の法則』勝間和代訳、講談社、二〇〇九
リチャード・コッチ『新版 人生を変える80対20の法則』仁平和夫・高遠裕子訳、CCCメディアハウス、二〇一一
ジョー・ジラード『私に売れないモノはない！』石原薫訳、フォレスト出版、二〇〇四
C・N・パーキンソン『パーキンソンの法則』森永晴彦訳、至誠堂、一九九六
ソギャル・リンポチェ『チベットの生と死の書』大迫正弘・三浦順子訳、講談社＋α文庫、二〇一〇
エベレット・ロジャーズ『イノベーションの普及』三藤利雄訳、翔泳社、二〇〇七
Rita Emmett, "The Procrastinator's Handbook: Mastering the Art of Doing It Now", Bloomsbury Pub, 2000
https://keiei-shinri.or.jp/word/ウィンザー効果/ 日本経営心理士協会「ウィンザー効果」
https://sbsmarketing.co.jp/marketing/whatis-law-of-similarity-2023-06/ SBSマーケティング「共通点を見つければ好感度を上げやすい!? 『類似性の法則』」

https://jonbell.medium.com/mcdonalds-theory-9216e1c9da7d　Jon Bell, "McDonald's Theory", Apr 30, 2013

図表作成・本文ＤＴＰ／市川真樹子

清水克彦 Shimizu Katsuhiko

政治・教育ジャーナリスト、びわこ成蹊スポーツ大学教授。愛媛県生まれ。早稲田大学大学院公共経営研究科修了、京都大学大学院法学研究科博士課程単位取得満期退学。文化放送入社後、政治記者、ベルリン特派員、米国留学を経てキャスター、報道ワイド番組チーフプロデューサー、大妻女子大学非常勤講師などを歴任。専門分野は、現代政治と国際関係論。大学ではキャリアセンター長も務める。『日本有事』（集英社インターナショナル新書）、『台湾有事——米中衝突というリスク』（平凡社新書）、『ゼレンスキー勇気の言葉100』（ワニブックス）、『ラジオ記者、走る』（新潮新書）ほか著書多数。
公式ブログ http://k-shimizu.com/

中公新書ラクレ 835

知《し》って得《とく》する、すごい法則《ほうそく》77

2025年2月10日初版
2025年6月20日6版

著者……清水克彦《しみずかつひこ》

発行者……安部順一
発行所……中央公論新社
〒100-8152 東京都千代田区大手町1-7-1
電話……販売 03-5299-1730 編集 03-5299-1870
URL https://www.chuko.co.jp/

本文印刷…三晃印刷 カバー印刷…大熊整美堂 製本…フォーネット社

Published by CHUOKORON-SHINSHA, INC.
Printed in Japan ISBN978-4-12-150835-5 C1211

L768
世界の〝巨匠〟の失敗に学べ！
組織で生き延びる45の秘策
池上　彰＋佐藤　優 著

負け戦のときに必死になるな。合理性なき上司の「ムチャ振り」に付き合うな。友達は大事にしろ。人の悪口に相槌を打つな。結論をズバリ言うな。上司が「これは一般論なんだけどさ」と言い出したら赤信号！　どんな時代にも生き延びる手段はある。田中角栄、トランプ、李登輝、山本七平、乃木希典、オードリー・タン……。世界の〝巨匠〟に学べ。数々の修羅場をくぐり抜けてきた両著者が、組織で生き抜く秘策を余すことなく伝授する。

L775
見えないものを見る「抽象の目」
――「具体の谷」からの脱出
細谷　功 著

VUCAと言われる不確実で先の見えない時代を生き残るには、「見えないもの」をいかに見えるようにするかが鍵となる。本書では、著者が思考力を鍛えるために用いる「具体と抽象」のテーマに当てはめながら、この「見えないもの」を見えるようにする考え方を提供する。読み進めることで視野が広がり、日々のコミュニケーションや仕事の計画等に関する悩みを解消するとともに、未来に向けて将来像を描くためのツールになる1冊。

L781
ゆるい職場
――若者の不安の知られざる理由
古屋星斗 著

「今の職場、〝ゆるい〟んです」「ここにいても、成長できるのか」。そんな不安をこぼす若者たちがいる。2010年代後半から進んだ職場運営法改革により、日本企業の労働環境は「働きやすい」ものへと変わりつつある。しかし一方で、若手社員の離職率はむしろ上がっており、当の若者たちからは、不安の声が聞かれるようになった――。本書では、企業や日本社会が抱えるこの課題と解決策について、データと実例を示しながら解説する。

L782
中学入試超良問で学ぶニッポンの課題
おおたとしまさ 編著
蟹江憲史＋山本　祐 監修

中学入試の社会科は、現実社会を映す鏡である。2022年の実際の入試問題の中から、中学受験のプロが9問を厳選。外国人労働者、環境、格差、ジェンダーなど多岐にわたる分野はSDGsにも通じており、大人の学びにとっても格好の教科書となる。掲載校は麻布、田園調布、武蔵、頌栄、浅野、鷗友、駒場東邦、東京純心、市川。圧倒的本気度の9問は、子どもにとってはペーパーテストでも、大人にとっては解決すべきリアルな課題だ。

L788

人事ガチャの秘密
――配属・異動・昇進のからくり

藤井　薫　著

若手・中堅社員が不満を募らせているように、配属や上司とのめぐりあわせは運任せの「ガチャ」なのか？　その後の異動や昇進は？　人事という名のブラックボックスに調査のメスを入れた結果、各種パターンが浮かび上がった。たとえば「人事権を持たない人事部」「一見問題ないミドルパフォーマーが盲点」等々。人事は何を企図して（企図せず）行われているのか。読者のキャリア形成に役立つ羅針盤を提供する。管理職や人事部も見逃せない一冊。

L795

格上の日本語力
――言いたいことが一度で伝わる論理力

齋藤　孝　著

「言いたいことを上手く伝えられない」「相手に誤解されてしまう」といった悩みを抱えるあなたも、日本語の構造や特徴さえ押さえれば、話の筋はクリアに、「頭がよく」見えるようになる！　「文章を短く区切って、大事なことから」「事実と非事実を分ける」「『論理的相槌』を打つ」等々の齋藤式メソッドを身につければ、真意が十分に伝わり、人間関係や仕事がスムーズになる。『言いたいことが一度で伝わる論理的日本語』を増補した決定版。

L806

グリム、イソップ、日本昔話
人生に効く寓話

池上　彰＋佐藤　優　著

「舌切り雀」には商売の厳しさが、「浦島太郎」にはあなたの定年後が、「花咲かじじい」には部下の使い方が、「雪女」には夫婦の現実が、「すっぱいぶどう」には競争社会の身の処し方が書いてある！　大人こそ寓話を読み直すべきだ。長く重い人生を軽やかに生きるための知恵が詰まっているのだから……。グリム、イソップから日本の民話、寓話まで。計20話の読み解きを収録。スピーチのネタにも使える一冊。

L813

悩める時の百冊百話
――人生を救うあのセリフ、この思索

岸見一郎　著

『嫌われる勇気』の著者は、就職難、介護、離別などさまざまな苦難を乗り越えてきた。氏を支え、救った古今東西の本と珠玉の言葉を一挙に紹介。マルクス・アウレリウス、三木清、アドラーなどNHK「100分de名著」で著者が解説した哲人のほか、伊坂幸太郎の小説や韓国文学、絵本『にじいろのさかな』、大島弓子のマンガなどバラエティ豊かで意外な選書。いずれにも通底するメッセージ＝「生きる勇気」をすべての「青年」と「元・青年」に贈る。